다시 시작하는
왕초보 생활영어

다시 시작하는
왕초보 생활영어

찍은날 2010년 4월 1일
펴낸날 2010년 4월 8일

지은이 박 지 원
펴낸이 조 명 숙
디자인 design86 송영실
펴낸곳 도서출판 맑은창
등록번호 제16-2083호
등록일자 2000년 1월 17일

주소 서울특별시 금천구 가산동 771 두산 112-502
전화 (02)851-9511
팩스 (02)852-9511
전자우편 hannae21@korea.com
ISBN 978-89-86607-65-9 03740

값 8,000원

* 잘못된 책은 바꾸어 드립니다.

다시 시작하는

왕초보 생활영어

도서출판 맑은창

책을 펴내며

영어의 필요성을 독자 여러분에게 새삼스럽게 설명하지 않겠습니다.

필자를 포함한 대부분의 세대들은 10년 이상의 영어교육을 받아 왔고, 세계에서 가장 높은 영어에 대한 교육열과 많은 비용, 시간, 노력을 영어에 투자하고 있으면서도 영어 능력은 떨어지는 것이 사실입니다. 우리가 그렇게 오랜 시간과 비용을 들여 영어공부를 해왔지만 외국인과 간단한 의사소통조차 하지 못한다는 것은 문법과 독해 위주의 아주 비효율적인 방법에 시간만 낭비해 왔기 때문이라는 것은 이미 여러 차례 얘기되었습니다. 그리하여 최근 들어 대기업은 물론이고 여러 기업들이 TOEIC 시험 결과만 가지고는 신입사원의 영어 실력을 평가하지 않겠다고 했습니다. 이렇게 speaking 위주의 영어 인터뷰는 갈수록 늘고 있는 추세입니다.

무슨 뜻일까요?

TOEIC을 아무리 잘하고 reading, listening을 아무리 잘해도 speaking이 되지 않으면 인정하지 않겠다는 의미입니다. 영어 문법 문제를 잘 풀고 단어, 숙어를 많이 외운다고 speaking이 유창해지는 것이 아닙니다. 그렇다면 영어를 잘 '말(speaking)' 하는 비결은 따로 있을까요?

첫째, 한 마디를 하더라도 문장으로 연습하세요.

주어, 동사 등을 포함한 하나의 '문장' 으로 말하는 습관을 길러야 합니다.

단어들만 나열하는 식으로의 영어 학습은 시간 낭비입니다.

둘째, 반복해서 말하세요.

머릿속에서 그냥 '읽는 것'을 말하는 것이 아닙니다. 또박또박, 최소한 옆의 사람과 대화하는 정도의 크기로 연습하세요. 하나의 문장을 20번, 30번 또는 100번이라도 완벽하게 암기될 때까지 반복하세요.

셋째, 꾸준히 하세요.

가장 중요합니다. 한 번 암기했던 것들을 잊어버리기 전에 다시 머릿속에 재암기를 하면 뇌에서는 그것을 더 오래 기억한다고 합니다. 이렇게 여러 번 반복해서 암기할수록 더 오랫동안 기억한다고 합니다.

오늘 20문장을 암기하는 것이 중요한 게 아니라 오늘 10문장, 내일 10문장을 나누어 암기하면 매일 공부하는 습관도 기를 수 있습니다.

하루 3문장만 암기해도 한 달이면 90문장입니다.

차 례

◉ 책을 펴내며 004
◉ 일러두기 012

01 인사 greeting

◉ 처음 만났을 때 014
◉ 자기 소개를 할 때 017
◉ 친구를 소개할 때 018
◉ 오랜만에 만났을 때 020
◉ 안부를 물을 때 대답 022
◉ 근황을 물을 때 022
◉ 일상적인 인사 023
◉ 인사에 대한 대답 025
◉ 헤어질 때 026
◉ 감사의 인사 028
◉ 사과 030

02 초대·방문 invitation/visiting

◉ 초대할 때 034
◉ 초대받았을 때 038
◉ 승낙과 거절 039
◉ 방문 042

03 시간·날씨·계절 time/weather/season

◉ 시간 · 날짜 048
◉ 계절(봄) 052
◉ 계절(여름) 054
◉ 계절(가을) 058
◉ 계절(겨울) 061
◉ 날씨 063
◉ 날짜 068
◉ 날씨에 대한 여러 표현 070

04 성격과 행동
characteristic & behavior

- 긍정적인 느낌을 주는 성격 · 행동 073
- 규칙동사 077
- 부정적인 느낌을 주는 성격 · 행동 079
- 불규칙동사 084

05 감정
feeling

- 기쁨 · 행복 088
- 놀라움 092
- 슬픔 · 우울 095
- 분노 · 실망 098
- 긴장 · 두려움 100
- 불안 · 피곤 100

06 전화
telephone

- 통화할 때 104
- 전화를 받을 때 107
- 메모를 남길 때 111
- 잘못 걸었을 때 113
- 연결 상태가 나쁠 때 114

차 례

07 식사 having meals

예약 116
식당을 찾을 때 118
자리 배정 120
주문할 때 122
식사를 하면서 125
계산할 때 128
과일 130
야채 131
요리 132
맛 132

08 쇼핑 shopping

쇼핑할 때 135
계산 · 포장 142
물건 구매 후 144

09 취미 hobby

음악 · 영화 148
스포츠 152
TV 157
취미 · 특기 158
각종 스포츠 161

10 출국 · 입국
departure · entrance

- 항공권 구입 164
- 출국 167
- 기내 168
- 면세품 구입 173
- 입국 174
- 짐 찾기 177
- 공항 관련 단어 178

11 관광
tour

- 호텔 · 유스호스텔 180
- 관광 안내소 185
- 관광 188
- 영어 표현 – 동의를 나타내는 여러 가지 표현 190
- 영어 표현 – 부정에 대한 여러 가지 표현 190

12 교통
traffic

- 길을 물을 때 193
- 버스 · 택시 · 승용차 195
- 지하철 · 기차 198
- 정비와 주유 200
- 길 안내 표지판 202

차 례

13 병원 hospital

◉ 건강 상태 204
◉ 환자 209
◉ 간호사 210
◉ 의사 211
◉ 내과 212
◉ 외과 214
◉ 치과 216
◉ 안과 218
◉ 약국 219
◉ 병원 관련 단어 220
◉ 병원 · 의사의 종류 221

14 외모 · 체형 appearance

◉ 외모 · 체형 224
◉ 얼굴 230
◉ 머리 스타일 232
◉ 미용실 · 이발소 234
◉ 신체 부위 236

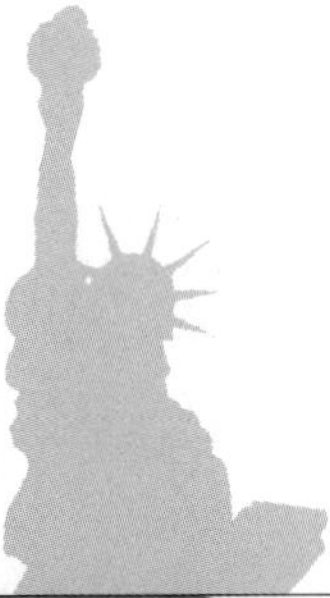

15 은행 bank

◉ 계좌 개설 · 해지 241
◉ 입금 · 출금 243
◉ 대출 246
◉ 카드 발급 248
◉ 은행 관련 단어 250
◉ 화폐 단위 252
◉ 소수 읽기 253

16 직장 job

◉ 취업 · 인터뷰 257
◉ 직업 · 직장 259
◉ 의견의 교환 261
◉ 업무 · 회의 264
◉ 직업의 종류 268

17 학교 school

◉ 학교와 전공 274
◉ 시험과 성적 277
◉ 수업과 학교생활 281
◉ 학교 시설 286
◉ 학교의 종류 286
◉ 학과 287

일러두기

영어의 발음은 우리말과는 많은 차이가 있습니다.

우리말은 혀의 가운데를 이용한 발음을 하지만, 영어는 주로 혀끝 부분을 이용하여 앞쪽에서 발음을 합니다.

또한 마지막에 끝나는 자음의 발음은 목을 울리지 않는 무성음으로 발음하는 경우가 많습니다.

이 책에서는 발음 표기법을 영어의 발음과 가능한 한 비슷한 발음으로 표기를 하기 위해 우리말의 표기법과는 다르게 사용하였으므로 알아두시기 바랍니다.

1. ㄷ, ㅌ, ㅅ, ㅊ 등과 같이 자음만 표기한 경우는 발음을 목의 울림을 사용하지 않고 혀의 앞부분만 사용하여 발음합니다.

ex) 뤠스토런ㅌ(끝부분의 'ㅌ' 발음은 '트'라고 하되 목을 울리지 않고 혀의 앞쪽을 이용하여 발음합니다.)

2. 'ㄹ' 자음만 사용한 발음은 영어의 'r'의 발음을 표기한 것으로 혀를 위로 말아서 발음하며, 이때 혀는 입천장을 닿지 않습니다.

ex) 러ㄹ : 러를 먼저 발음하면서 뒤의 'ㄹ'은 혀를 위로 말아서 'r'을 발음합니다.

3. ㅅ, ㅌ 등의 모음이 연달아 있을 때 위의 **1**번과 같이 목을 울리지 않는 무성음으로 발음을 연달아 합니다.

ex) covered커붜ㄹㄷ로 발음해야 하지만 독자들이 이해하기 쉽게 [커붜ㄹ드]로 표기했습니다.

Chapter 01

인사

- ★ 처음 만났을 때
- ★ 자기 소개를 할 때
- ★ 친구를 소개할 때
- ★ 오랜만에 만났을 때
- ★ 안부를 물을 때 대답
- ★ 근황을 물을 때
- ★ 일상적인 인사
- ★ 인사에 대한 대답
- ★ 헤어질 때
- ★ 감사의 인사
- ★ 사과

01 인사 greeting

Dialogue

A : Hello! How are you? 안녕하세요? 어떻게 지내세요?
헬로우! 하우 아ㄹ- 유?

B : Hi! I'm good. Thank you. 안녕하세요! 잘 지내요. 고마워요.
하이! 아임 굿. 땡큐.

How are you? 잘 지내요?
하우 아ㄹ- 유?

A : Fine. Thank you! 잘 지내요. 고마워요!
파인. 땡큐!

B : Keep in touch. 연락하세요.
킵 인 터취.

★ 외국인과 만났을 때 빼놓지 않는 표현이 'Hello'와 'How are you?'입니다. 상대방이 'How are you?'로 안부를 물으면 기분이 좋을 땐 'I'm fine.' 또는 'I'm good.' 등으로, 기분이 별로일 땐 'I'm not good.'으로 대답합니다.

처음 만났을 때

* Hello. 안녕하세요.
헬로우.

★ 처음 만나는 사이나 아는 사이에 관계없이 하루 종일 쓸 수 있는 표현입니다. 또는 상대방을 부르는 의미로도 쓰이며, 전화 통화를 할 때에도 '여보세요'라는 표현으로 쓰입니다.

단어 숙어

how 부 (의문사) 어떻게, 얼마나
good 형 좋은
thank 동 감사하다, 사의를 표하다
thank you (당신께) 감사합니다
fine 형 좋은
keep 동 (어떤 상태/동작을) 계속하다, 지속하다
touch 동 접촉하다
keep (in) touch with~ ~와 연락을 계속하다

∗ (It's) Nice to meet you. 만나서 반갑습니다.
(잇ㅊ) 나이ㅅ 투 밋츄.

★ 처음 만나는 사람에게 인사할 때 많이 쓰이는 표현입니다. 여기에서 It's는 생략하고 쓸 수 있습니다. 또는 '(I'm) Happy to see you.', '(It's a) Good
(아임) 해피 투 씨 유. (잇ㅊ 어) 굿
to see you,' '(I'm) Glad to see you!' 등도 모두 같은 표현입니다.
투 씨 유. (아임) 글랫 투 씨 유!

∗ I've heard a lot about you. 말씀 많이 들었습니다.
아이ㅂ 허ㄹㄷ 얼랏 어바웃 유.

★ be동사나 조동사를 제외한 나머지 동사를 일반 동사라고 합니다. 일반동사는 주어가 he, she, it 또는 사람 이름 등의 3인칭 단수일 경우 대부분의 일반 동사에 's'를 붙입니다.

ex) I eat a lot. 나는 많이 먹는다.
아이 잇 얼랏.

They eat a lot. 그들은 많이 먹는다.
데이 잇 얼랏.

She eats a lot. 그녀는 많이 먹는다.
쉬 잇ㅊ 얼랏.

하지만 그 모양에 따라 일정한 규칙이 있습니다.

-o, -s, -sh, -ch, -x로 끝나는 동사 + es = does , brushes, relaxes
더즈 브뤄쉬즈 륄렉스

'자음 + y'로 끝나는 동사 y-i, + es = studies
스터디즈

일반 동사의 현재형을 과거로 바꾸는 경우 다음과 같이 일정한 규칙을 가집니다.

❶ 현재형(동사원형)에 ed가 붙는 규칙 동사

현재형	과거형	과거분사형	
look 룩	looked 룩트	looked 룩트	– 보다
learn 러ㄹ언	learned 러ㄹ언드	learned 러ㄹ언드	– 배우다
play 플레이	played 플레이드	played 플레이드	– 놀다, 경기를 하다

❷ 끝이 'e'로 끝나는 동사 뒤에는 'ed'가 아니라 'd'만 붙는 규칙 동사

love 러브	loved 러브드	loved 러브드	– 사랑하다

❸ 끝이 'y'로 끝나는 동사는 'y'를 'i'로 바꾸고 뒤에 'ed'를 붙이는 규칙 동사

study 스터디	studied 스터디드	studied 스터디드	– 공부하다

그 밖에 규칙 없이 변하는 불규칙 동사(무조건 외워야 합니다.)

think 씽크	thought 쏘웃	thought 쏘웃	– 생각하다
run 뤈	ran 랜	run 뤈	– 달리다
eat 잇	ate 에잇	eaten 이튼	– 먹다
have 해브	had 해드	had 해드	– 갖다

단어 숙어

nice 형 좋은
meet 동 만나다
glad 형 기쁜, 즐거운
see 동 보다
heard 동 (hear의 과거형) 듣다
a lot 많이
about 전 ~에 대해
eat 동 먹다

* I'm Tom. 탐이라고 합니다.
(아임) 탐.

★ I'm을 생략하고 이름만 소개할 수도 있습니다.

* Jane. 제인이라고 합니다.
제인.

* Where are you from? 어느 나라 출신이십니까?
웨어ㄹ 아ㄹ- 유 프뤔?

★ 직역하면 '당신은 어느 나라에서 오셨습니까?' 이지만 실제로는 흔히 국적을 묻는 질문으로 쓰입니다. 상대방이 'Where are you from?' 하고 물으면 'I am from Korea.' '한국 사람입니다, 한국에서 왔습니다.' 라고 대답합니다.

★ where 의문부사는 아래의 여러 가지 표현이 있지만 그 중에서도 다음의 표현으로 많이 쓰입니다. (장소 · 방향 · 도착점) 어디에[로, 를, 에서]

ex) Where do you live? 어디에 살고 있습니까?
웨어ㄹ 두 유 리브?

Where are you going? 어디 가는 길입니까?
웨어ㄹ 아ㄹ- 유 고우잉?

자기 소개를 할 때

* Let me introduce myself. 제 소개를 하겠습니다.
렛 미 인트뤄듀ㅅ 마이 쎌ㅍ.

★ let : ~하게 해 주다, 시키다, ~하도록 내버려 두다 / myself 나 자신 / let me 내가 ~하게 해 주세요.– (내 자신을 소개하도록 해 주십시오.) = 제 소개를 하겠습니다.

ex) Let me help you. 도와드릴게요. (= 내가 당신을 도울 수 있도록 해주세요.)
렛 미 헬퓨.

* Hello, I'm Lee Do-Hyun. 안녕하십니까. 이 도현입니다.
헬로우, 아임 리 도현.

★ 격식 없이 편하게 쓸 때 'My name is' 대신 'I'm' 으로 쓸 수 있습니다.

'Hello.' 대신 'Hi.' 로 인사하면 더 친한 사이에 편하게 쓸 수 있는 표현이 됩니다.

* My name is Jae-Hyun Kim. 제 이름은 김재현입니다.
마이 네임 이ㅈ 재현 김.

* I'm Yoon-Jung, nice to meet you.
아임 윤정, 나이ㅅ 투 밋츄.

저는 윤정입니다. 만나서 반갑습니다.

* I'm from Korea. 저는 한국 사람입니다.(한국에서 왔습니다.)
아임 프뤔 코리아.

= I'm Korean.
아임 코리언.

⁚ 친구를 소개할 때

* Let me introduce my friend (to you).
렛 미 인트뤄듀ㅅ 마이 프뤤ㄷ. 투 유.

(당신에게) 제 친구를 소개할게요.

* Michael! This is one of my best friends, Ju-Hee.
마이클! 디ㅅ 이ㅈ 원 어ㅂ 마이 베스ㅌ 프뤤ㅈ, 주희.

마이클! 내 가장 친한 친구 중의 하나인 주희예요.

* I met him through a friend.
아이 멧 힘 쓰루 어 프뤤ㄷ.

친구 소개로 만났어.(내 친구의 친구야.)

단어 숙어

introduce 동 소개하다
myself 대 나 자신
soon 부 곧, 어서
buy 동 사다
clothes 명 옷
through 전 ~을 통하여

* I want you to meet my boyfriend.
아이 원츄 투 밋 마이 보이프렌ㄷ.

내 남자 친구를 너에게 소개하고 싶어.

★ 'to'는 원래 발음은 '투'입니다. 문장 안에서 쓰일 때 영국식 액센트로 발음할 때 '두'로 발음합니다. 어느 쪽의 발음도 괜찮습니다. 그러나 이 책에서는 '투'로 표기합니다.

★ I want A to B 나는 A가 B를 하기를 바란다.

ex) I want you to come soon. 나는 네가 어서 오기를 바란다.
아이 원츄 투 컴 순.

I want you to have it. 나는 네가 그걸 가졌으면 해.
아이 원츄 투 해빗.

She wants me to buy the clothes. 그녀는 내가 그 옷을 사길 바란다.
쉬 원ㅊ 미 투 바이 더 클로ㅅ.

* I will set you up with the man. 내가 너랑 저 남자를 소개팅해 줄게.
아윌 셋츄 업 윗 더 맨.

★ the man = 그 남자 'the'는 어떤 특정한 인물이나 사물을 가리킬 때 쓰는 정관사입니다. 다른 어떤 남자가 아닌 바로 '그' 남자. the : 이미 대화중에 언급되었거나 따로 누구라고 지시하지 않아도 당연히 누구인지 안다는 조건에서 쓰입니다.

ex) I saw a dog. The dog has a piece of meat in his mouth.
아이 써 어 덕. 더 덕 해즈 어 피스 어ㅂ 밋 인 히즈 마우쓰.
개를 보았다. 그 개는 입에 고기를 물고 있었다.

밑줄 친 dog은 앞 문장에서 이미 특정지어져 있습니다. 따라서 'dog'은 문맥에 의해 다른 것과 구별이 됩니다.

ex) Would you pass me the pepper? 후추 좀 집어주시겠어요?
우쥬 패ㅅ 미 더 페퍼ㄹ?

pepper가 테이블에 놓여 있고 그걸 상대방이 볼 수 있다는 의미입니다.

★ 'set A up with B' : 'A와 B를 서로 엮어 주다'라는 표현으로 흔하게 쓰이는 표현입니다.

ex) Please set me up with the man. 그 사람이랑 나 좀 엮어 달라.
플리ㅈ 셋 미 업 윗 더 맨.

* May I introduce this gentleman to you?
메이 아이 인트뤄듀ㅅ 디ㅅ 젠틀맨 투 유?

이 신사 분을 소개해도 될까요?

★ may : 정중하게 상대방에게 묻는 어조입니다. '소개해도 되겠습니까?' 긍정의 대답은 'Yes, please.' = '네, 물론입니다.'로 합니다. 그러면 다시 상대방은 This is Mr. Brown.(이 분은 브라운 씨입니다.)으로 소개하면 됩니다. 다른 표현으로

ex) May I open the window? 창문을 열어도 될까요?
메이 아이 오픈 더 윈도우?

Yes, please. 네, 그러세요.
예스, 플리즈.

* James! Debbie. Debbie! James.
제임ㅅ! 데비. 데비! 제임ㅅ.

제임스! 이쪽은 데비예요. 데비! 이쪽은 제임스예요!

★ 친한 친구들끼리, 같은 또래끼리 소개할 때 간단하게 쓰입니다. 이런 저런 표현 다 빼고 이름만 호칭하여 간단히 소개하였습니다.

오랜만에 만났을

* Long time no see (you)! 오랜만이야!
롱 타임 노 씨 (유)!

★ 직역하면 '못 본 지 오래되었어.' 허물이 없는 사이에 주로 쓰이는 표현입니다. 맨 마지막의 'you'를 생략하고 쓸 수 있습니다.

* It's been a long time. 오랜만이야.
잇ㅊ 빈 어 롱 타임.

단어 숙어

friend 명 친구
gentleman 명 신사
best 형 가장 좋은
please 부 제발, 아무쪼록, 동 ~을 기쁘게 하다

* I haven't seen you for a long time. 오랜만이네요.
아이 해븐 씬 유 포ㄹ러- 롱 타임.

★ haven't seen = have not seen = >현재완료의 부정형 'seen'은 'see(보다)'의 과거분사입니다. 과거의 어느 한 지점부터 현재까지 쭉 그래 왔다. (위 표현의 뜻은 '마지막 만난 이후로 지금까지 오랫동안 보지 못했어.' 즉 현재완료의 부정형이 됩니다.) 현재까지 마친/끝낸/완료되었음을 얘기하므로 현재(현재까지)완료(완료되었음을)형(표현하는 문장), 즉 현재완료형이라고 합니다. 과거분사는 일반 동사에 주로 'ed'를 붙여 만듭니다.

ex) have enjoyed. 현재까지 즐겼다.
해ㅂ 인조이ㄷ.

have finished. 현재까지 끝냈다.
해ㅂ 퓌니쉬ㄷ.

have walked. 현재까지 걸었다.
해ㅂ 웤ㅌ.

have used. 현재까지 사용했다.
해ㅂ 유스ㄷ.

* Happy to see you. 만나서 반가워.
해피 투 씨 유.

* I'm glad to see you again! 다시 만나게 되어 기뻐!
아임 글랫 투 씨 유 어겐!

* Say hello to your sister! 네 여동생에게 안부 전해줘!
세이 헬로우 투 유어ㄹ-시스터ㄹ-!

* I almost forgot your face. 얼굴 잊어버리겠다.
아이 올모스ㅌ 풔ㄹ-갓 유어ㄹ- 풰이ㅅ.

단어 숙어

long time 오랫동안
happy 형 행복한, 기쁜
again 부 다시
forgot 동 (forget의 과거형) 잊어버리다
face 명 얼굴
awhile 부 잠깐, 잠시
glad 형 반가운, 기쁜
almost 부 거의
changed 동 (change의 과거형) 변하다
say 동 ~을 말하다

* You haven't changed at all! 너 하나도 안 변했구나!
유 해븐 췌인쥐ㄷ 앳 올!

★ at all은 부정문에서 쓰이며, 해석은 '전혀 ~아니다.' 라고 합니다.

ex) I don't like her at all. 나는 그녀가 전혀 좋지 않다.
아이 돈 라잌 허ㄹ 앳 올.

I didn't know it at all. 나는 전혀 몰랐었어.
아이 디든 노우 잇 앳 올.

안부를 물을 때 대

* I'm quite well. 아주 잘 지내.
아임 콰잇 웰.

* What about you? 너는 어때? (어떻게 지냈어?)
왓 어바웃 유?

근황을 물을 때

* How's it going? 어떻게 지내니?
하우ㅅ 잇 고우잉?

= How have you been doing? 그동안 어떻게 지냈어?
하우 해뷰 빈 두잉?

★ 만나지 않았던 동안 무엇을 하고 지냈는지 묻는 표현입니다.

단어 숙어

quite 부 매우, 전적으로
well 부 좋은, 잘
everything 대 모든 것
new 형 새로운, 최근의

* How's everything with you. 잘 지내고 있지?
하우ㅅ 에브뤼씽 윗 유.

★ 너와 관련된 모든 것은 어떠니? (=별일 없지?)

* What's new? 별일 없지?
왓ㅊ 뉴?

* How's your mother getting along these days?
하우ㅅ 유어ㄹ- 머더ㄹ 게딩 얼롱 디ㅈ 데이ㅅ?
어머니는 잘 지내고 계시지?

★ 주변 사람의 안부를 물을 때 사용하는 표현입니다.

* How's your family? 가족들은 잘 지내?
하우ㅅ 유어ㄹ- 퐤믈리?

일상적인 인사

* Good morning. 아침 인사.
굿 모ㄹ-닝.

★ 해가 뜬 다음부터 정오까지 쓰는 인사말입니다. 상대방의 성별, 나이에 관계 없이 쓸 수 있는 표현입니다. '좋은 아침입니다.' 정도로 해석할 수 있겠습니다.

* Good afternoon. 낮 인사.
굿 애프터눈.

★ 정오부터 해지기 전까지 쓰이는 인사말입니다.

단어 숙어

mother 명 어머니
family 명 가족
these days 요즘, 최근
what 대 무엇, 무슨 일
getting along (get along의 현재진행형) 지내다, 살아가다

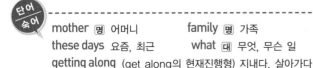

* Good evening. 저녁 인사.
굿 이브닝.

★ 해질 무렵부터 밤까지 쓰이는 인사말입니다.

* Good night. 밤 인사
굿 나잇.

★ 밤에 헤어질 때 쓰이는 인사말입니다. '안녕히 주무세요.', '안녕히 가세요.' 등으로 해석합니다.

* Good morning, Mr. Johnson. 좋은 아침입니다, 존슨 씨.
굿 모ㄹ-닝, 미스터ㄹ 존슨.

★ 성이나 이름을 붙여서 인사하면 더 다정하고 상대방도 더 친밀하게 느껴지므로 상대방의 이름을 부르는 방법을 알아두면 좋습니다.
다음의 단어들은 상대방의 성 앞에 붙여 정중하거나 예의 바르게 대할 때 사용합니다. Mr.(mister 미스터의 줄임말) '씨' – 남성에게 사용합니다. 남자의 성 · 성명 앞에 붙여서 씨, 님, 귀하, 선생, 군(君) 등으로 쓰이기도 하고, 관직명 앞에 붙여 호칭으로 사용할 수도 있습니다. Miss(미스) '~양', '~씨' – 결혼하지 않은 여성이나 결혼 여부를 알 수 없는 여성에게 사용합니다. Mrs. (mistress 미씨즈) '~부인', '~여사' – 기혼부인의 남편 성에 붙여 씁니다. 단순히 친구 사이이거나 편한 사이일 때에는 이름만 사용합니다.

ex) Hi! david! 안녕! 데이빗!
하이! 데이빗!

Hello! Michael. 안녕! 마이클.
헬로우! 마이클.

★ 영어권에서 이름은 first name, 성은 family name 또는 last name이라고 합니다. 외국인의 경우 우리 나라와는 다르게 이름이 앞에 오고 성이 뒤에 옵니다. 예를 들면 Amber Rose.라고 일반적으로 표기합니다. (Amber는 이름, Rose는 성입니다.) 이름을 앞에 먼저 표기하고 뒤에 성이 따라옵니다. 반대로 성을 앞에 표기하는 경우는 성 뒤에 ',' (comma 코마)를 붙입니다.

단어 숙어

morning 명 아침(동틀 무렵부터 정오까지) evening 명 저녁(일몰부터 잘 때까지)
afternoon 명 오후(정오에서 일몰까지) night 명 밤(해질녘부터 동이 틀 때까지)
weekend 명 주말 good 형 좋은, 충분한

ex) Rose, Amber. 여기에서 ' , ' (comma)는 원래 이름을 앞에 먼저 써야 하지만 성이 앞에 왔다는 것을 표시하기 위해 쓰입니다.

Have a good (또는 nice) day. 좋은 하루가 되십시오.
해뷔 굿 (나이ㅅ) 데이.

Have a nice weekend. 멋진 주말이 되세요.
해뷔 나이ㅅ 위캔ㄷ.

Have a nice vacation, sir. 좋은 휴가 지내십시오, 선생님.
해뷔 나이ㅅ 붸케이션, 써ㄹ.

★ 'sir'는 상사, 선생님, 손님 등 자신보다 윗사람 등을 정중하게 대할 때 쓰는 호칭입니다. 반대로 'ma'am'(맴)은 상대방이 여성인 경우에 쓰입니다.

인사에 대한 대답

* (I'm) Good. 잘 지내.
(아임) 굿.

* Fine. 잘 지내.
퐈인.

* So so. 그저 그래.
쏘 – 쏘.

* Not bad. 나쁘지 않아요.
낫 뱃.

* Nothing special. 항상 그렇지.
낫씽 스페셜.

* Same as usual. 늘 그렇지.
쎄임 애ㅈ 유쥬얼.

단어 숙어

bad 형 나쁜, 좋지 않은
special 형 특별한
as usual 평소와 같이, 여느 때와 같은
nothing 대 아무것도 ~없음
same 형 (똑)같은
so 부 그렇게, 그런 식으로

° 헤어질 때

* Good-bye. 잘 가요.
굿 바이.

* See you. 또 만나요.
씨 유.

* I hope to see you again. 다음에 또 만나요.
아이 홉 투 씨 유 어겐.

* See you. 또 만나요.
씨 유.

* See you tomorrow. 내일 만나요.
씨 유 터마뤄우.

* See you on Monday. 월요일에 만나요.
씨 유 언 먼데이.

* Take care. 잘 지내요.
테잌 케어-.

★ take care of oneself : 자신을 돌보세요. (= 잘 지내세요. 몸 건강하세요.)
– 작별 인사로 씁니다.

* Have a nice day. 좋은 하루 되세요.
해뷔 나이ㅅ 데이.

* Have a nice weekend. 좋은 주말 보내세요.
해뷔 나이ㅅ 위켄.

단어 숙어

take 동 가지다, 취하다 care 명 돌봄

* I'll be seeing you again. 다시 만나요.
알 비 씨잉 유 어겐.

* See you soon. 곧 다시 만나.
씨 유 순.

* See you then. 그때 보자.
씨 유 댄.

★ then 그 때에는, 그때에 (과거와 미래 다 쓰입니다.)

* See you next week. 다음 주에 만나.
씨 유 넥스ㅌ 윅.

* See you later. 나중에 보자.
씨 유 레이더ㄹ-.

* Say hello to your mom. 엄마한테 안부 전하렴.
쎄이 헬로우 투 유어ㄹ- 맘.

* I've got to go. 가야 해요.
아이ㅂ 갓 투 고우.

* I have to go. 가야 해요.
아이 해ㅂ 투 고우.

* Bye. 안녕.
바이.

단어 숙어

hope 동 바라다, 희망하다	tomorrow 명 내일
soon 부 곧	next 형 다음의
mom 명 엄마	later 형 나중에, 더 늦은
well 부 잘, 좋은	stay 동 지내다, 머무르다, 체류하다
really 부 정말	weekend 명 주말

* Good bye and stay well. 몸 건강하게 잘 지내요.
굿 바이 앤 스테이 웰.

* It was really nice meeting you. 정말 즐거웠습니다.
잇 워ㅈ 륄리 나이ㅅ 미딩 유.

week(요일)

Monday 월요일 먼데이	Tuesday 화요일 튜즈데이	Wednesday 수요일 웬즈데이	Thursday 목요일 떠ㄹ즈데이
Friday 금요일 프라이데이	Saturday 토요일 쎄더ㄹ데이	Sunday 일요일 썬데이	

감사의 인사

* Thank you. 감사합니다. 고맙습니다.
땡큐.

* Thanks. 고마워요. 고마워.
땡ㅅ.

★ 'Thanks'는 같은 또래나 아랫사람에게 주로 편하게 쓰는 표현입니다. 윗분이나 예의를 갖추어야 하는 상대에게는'Thank you'를 쓰는 것이 예의 바른 표현이 되겠습니다.

* Thank you so much. 정말 고맙습니다.
땡큐 쏘우 머취.

* Thank you very much. 정말 고맙습니다.
땡큐 붸뤼 머취.

단어 숙어

so 부 그토록, 정말
everything 대 모든 것
enough 부 충분히
anyway 부 어쨌든, 아무튼
much 형 양이 많은 (many : 수가 많은)
appreciate 동 감사하다
owe 동 신세를 지다
very 부 매우

* Thank you for your help. 도와줘서 고마워.
땡큐 포ㄹ- 유어ㄹ- 헬ㅍ.

* Thank you for everything. 모든것에 감사드립니다.
땡큐 포ㄹ- 에브뤼씽.

★ 무엇에 대해 감사한다는 표현을 하고 싶을 때에는 'Thank you for' 다음에 감사하는 것을 붙입니다.

ex) Thank you so much. 정말 고맙습니다.
땡큐 쏘우 머취.

Thank you for the present. 선물 고마워요.
땡큐 포ㄹ- 더 프뤠즌트.

Thank you for the coffee. 커피 잘 마셨어요.
땡큐 포ㄹ- 더 커퓌.

* I appreciate it. 고맙습니다.
아이 어프뤼쉬에잇 잇.

* I can't thank you enough.
아이 캔 땡큐 이너ㅍ.
어떻게 감사드려야 할지 모르겠습니다.

★ 직역하면 '충분히 감사를 드릴 수가 없다.' 는 뜻으로 '아무리 감사를 드려도 충분치 않다!' 즉, 아주 많이 감사드린다는 표현입니다.

ex) Thank you, that's enough. 감사합니다, 충분합니다.
땡큐, 댓ㅊ 이너ㅍ.

That's good enough for me. (저에게는) 그것으로 충분히 훌륭해요.
댓ㅊ 굿 이너ㅍ 포ㄹ- 미.

* I owe you one. 신세 한번 졌네요.
아이 오우 유 원.

* Thank you anyway. 아무튼 고맙습니다.
땡큐 에니웨이.

★ 크게 도움은 안됐지만 어쨌든 감사한다는 표현.

사과

* I'm sorry.　죄송합니다. 미안합니다.
아임　쏘뤼.

* Excuse me.　실례합니다.
익스큐ㅈ　미.

★ 'Excuse me.'는 만약 여러분이 외국에서 지내게 된다면 가장 많이 듣고 많이 써야 할 말이 바로 이 표현입니다. 영어 표현 중 가장 흔하게 쓰이는 표현 중 하나이지요. 사과할 때, 사람을 부를 때, 남의 곁을 지나갈 때, 다른 사람과 부딪쳤을 때, 자리에서 먼저 일어날 때, 잠시 자리를 떠날 때, 상대방의 말을 못 알아들었을 때(이 경우는 끝의 톤을 올려 발음합니다.) 등의 경우에 쓰입니다. 그 밖에 'Pardon?' 'I'm sorry?'는 '뭐라고 말씀하셨죠?'(=다시 한 번 말씀해 주시겠습니까?)의 뜻으로 쓰입니다.

★ 인칭 대명사의 격변화

인칭대명사에는 1인칭, 2인칭, 3인칭이 있고, 3인칭에는 남성, 여성, 중성 등이 있습니다. 또한 복수가 있으며, 주격, 소유격, 목적격이 있다. 소유대명사(무엇인가를 가지고 있는, 소유하고 있는 대명사로서 ~ 의 것이라는 의미)까지 다음 표를 보고 익히세요.

	주격	소유격	목적격	소유 대명사
인칭	(~은,~는,~이가)	(~의)	(~을,를/~에게)	(~의 것)
단수 1인칭	I	my	me	mine
2인칭	you	your	you	yours
3인칭	he/she/it	his/her/it's	him/her/it	his/hers/–
복수 1인칭	we	our	us	ours
2인칭	you	your	you	yours
3인칭	they	their	them	theirs

* I don't know what to say.
아이 돈　노우　왓　투　쎄이.
어떻게 말씀을 드려야 할지 모르겠습니다.

★ I don't know.　잘 모르겠습니다.
아이 돈　노우.

* I want to apologize.　사과드립니다.
아이 원　투　어팔러좌이ㅈ.

* I am sorry to bother you like this.
아엠　쏘뤼　투　바더ㄹ-　유　라잌　디ㅅ.
이렇게 귀찮게 해드려서 죄송합니다.

★ I am sorry. 미안합니다. 죄송합니다. 이 밖에도 '미안해요, 안됐네요.' 등 상대방을 위로하는 표현으로도 쓰입니다.

* I made a mistake.　실수를 했네요.
아이 메이ㄷ 어　미스테잌.

* Please forgive me.　용서해 주세요.
플리ㅈ　풔ㄹ- 깁　미.

★ **please**

a. 부디, 제발 (정중한 요구 · 간청을 나타내는 명령문에서)

ex) Close the door, please.　문 좀 닫아주세요.
클로ㅈ　더　도어ㄹ,　플리ㅈ.

b. 미안하지만, 저… (완곡히 듣는 이의 주의를 끌어서)

ex) Please, may I go now?　저, 지금 가도 됩니까?
플리ㅈ,　메이 아이 고우 나우?

c. 하겠습니다 (권유문에 대한)

ex) May I take your plate?　접시를 치워드릴까요?
메이 아이 테잌 유어ㄹ-　플랫?

(Yes), please.　(네), 그렇게 해주세요.
(예ㅅ),　플리ㅈ.

* I didn't mean it.
아이 디든　민　잇.
일부러 그런 건 아니에요. (= 의도했던 게 아니에요.)

단어 숙어

bother 동 방해하다, 폐를 끼치다
like this 이렇게
mean 동 의도하다
made a mistake(make a mistake의 과거형) 실수하다
excuse 동 용서하다, 참아주다
apologize 동 사과하다
forgive 동 용서하다, 너그럽게 봐주다

Chapter 02

초대 · 방문

★ 초대할 때

★ 초대받았을 때

★ 승낙과 거절

★ 방문

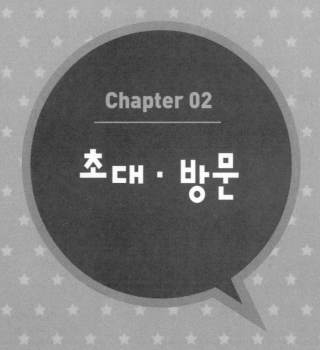

02 초대·방문 invitation/visiting

❶ Dialogue

A : Do you have any plan this Saturday?
두 유 해ㅂ 에니 플랜 디ㅅ 쎄더ㄹ데이?
이번 토요일에 계획 있어요?

B : Nothing special. 특별히 없는데요.
낫씽 스페셜.

A : I have a birthday party for my husband.
아이 해뷔 버ㄹ-쓰데이 파ㄹ디 포ㄹ- 마이 허스번ㄷ.
I hope you can join us.
아이 홉 유 캔 조인 어ㅅ.
남편 생일잔치를 하는 데 꼭 와주셨으면 해요.

B : Sounds great. 재미있겠는걸요!
싸운ㅅ 그뤠잇!
Thank you for inviting me. 초대해 주셔서 고마워요.
땡큐 포ㄹ- 인봐이딩 미.

초대할 때

* Could you join the birthday party tonight?
쿠쥬 조인 더 버ㄹ-쓰데이 파ㄹ-디 투나잇?
오늘 밤 생일 파티에 오셨으면 하는데요?

= Would you join the birthday party tonight?
우쥬 조인 더 버ㄹ-쓰데이 파ㄹ-디 투나잇?

단어 숙어

any 형 무엇이든, 누구든(의문문에서)
plan 명 계획
great 형 큰, 거대한
nothing 대 아무일도 ~않다
inviting 형 초대하는
join 동 함께 ~하다

★ could you, would you는 정중하게 상대방에게 의사를 물어볼 때 쓰입니다. could나 would 모두 본래는 조동사(can, will)의 과거형으로, 위의 경우 어느 것을 써도 상관없습니다.

ex) Could you call me when you have time? 시간 있으실 때 전화주시겠어요?
쿠쥬 콜 미 웬 유 해ㅂ 타임?

Would you wait for me a second? 잠깐만 기다려 주시겠습니까?
우쥬 웨잇 포ㄹ- 미 어 쎄컨?

* Please come and have dinner with us.
플리ㅈ 컴 앤 해ㅂ 디너ㄹ- 윗어ㅅ.

오셔서 식사나 함께 하시지요.

meal (식사)
breakfast 아침식사 **lunch** 점심식사 **dinner** 저녁식사 **supper** 저녁(저녁밥)

★ dinner는 손님을 초대해서 격식을 갖춰 먹는 것을 말합니다.(요즘에는 꼭 손님이 없더라도 정식으로 요리를 해서 먹는 정찬을 말하기도 합니다.)

* We're gonna have a party to celebrate our
위어ㄹ- 고너 해뷔 파ㄹ-디 투 쎌러브뤠잇 아워ㄹ-

anniversary tonight.
애니붜ㄹ-써뤼 투나잇.

오늘 밤에 결혼 기념일 파티를 할 거야.

★ be gonna = be going to ~할 예정이다.(가까운 미래를 나타내는 표현입니다.)

ex) I'm gonna watch the TV show tonight. 오늘 저녁에 그 프로 볼 거예요.
아임 고너 워치 더 티뷔 쇼우 투나잇.

I'm gonna talk to her. 나 그녀와 이야기를 해야겠어.
아임 고너 톡 투 허.

* I hope someday you'll be able to visit
아이 홉 썸데이 율 비 에이블 투 뷔짓

my family in Korea.
마이 퐤믈리 인 코리아.

언젠가 한국의 저희 집에 오실 수 있으면 좋겠습니다.

* Let me invite you to my birthday party.
렛 미 인봐잇 유 투 마이 버ㄹ-쓰데이 파ㄹ-디.

제 생일 파티에 초대하고 싶어요.

★ let me + 동사 원형 = '제가 ~을 하고 싶습니다.' '제가 ~를 하게 해 주세요.'라는 뜻으로 사용할 수 있습니다. 자주 쓰이는 표현입니다.

ex) Let me choose the clothes. 옷은 제가 고를게요.
렛 미 츄ㅈ 더 클로ㅅ.

Let me see. 어디 보자.(보여줘.)
렛 미 씨.

Let me try. 내가 해볼게요.
렛 미 트롸이.

* It's a surprise party. 깜짝 파티입니다.
잇ㅊ 어 써프롸이ㅈ 파ㄹ-디.

* Would you like to join us? 함께 하시겠어요?
우쥬 라잌 투 조인 어ㅅ?

* Why don't you join us? 같이 가지 그래요? 함께 가시죠?
와이 돈츄 조인 어ㅅ?

★ 문장을 그대로 직역해서 '왜 함께 가지 않습니까?'로 해석하지 않습니다. Why don't you + 동사 원형 = ~ 하지 그래?라는 상대방에게 권유하는 의미로 해석합니다.

단어 숙어

with 전 ~와 같이
surprise 동 놀람, 놀라게 하다
place 명 장소, 공간
sometime 부 (미래에) 언젠가, 머지않아
invite 동 초대하다
join 동 끼다, 합류하다
treat 동 대접하다
be abale to ~할 수 있다

ex) Why dont't you ask her? 그녀에게 물어보지 그러니?
와이 돈츄 애스크 허ㄹ?

Why don't you check it? 그것 좀 확인하지 그러니?
와이 돈츄 첵 잇?

* I'd like to invite you to my place.
아이들 라잌 투 인바잇 유 투 마이 플레이ㅅ.
저희 집에 초대하고 싶습니다.

★ I'd like to ~ : I would like to ~의 줄임말입니다. '~이 하고 싶다'라는 정중한 표현입니다.

ex) I'd like to see you soon. 당신을 빨리 보고 싶습니다.
아이들 라잌 투 씨 유 순.

* I want to treat you to dinner sometime.
아이 원투 트륏 유 투 디너ㄹ~ 썸타임.
언제 저녁을 대접하고 싶습니다.

* You can come by 6pm. 저녁 여섯시까지 오세요.
유 캔 컴 바이 씩ㅅ 피엠.

★ 다음 두 전치사 모두 우리말로 해석하면 '~까지'이지만 그 의미는 다릅니다.
by : ~까지(완료)
until : ~까지(계속)입니다.

ex) I will be away until Monday. 월요일까지 떠나 있을 겁니다.
아이 윌 비 어웨이 언틸 먼데이.

I will sleep until 11 a.m. 오전 11시까지 잘 거에요.
아이 윌 슬립 언틸 일레븐 에이엠.

I will be back by Monday. 월요일에 돌아올 것입니다.
아이 윌 비 백 바이 먼데이.

I need to finish the job by 10 p.m. 저녁 10시까지는 일을 끝내야 합니다.
아이 닏 투 퓌니쉬 더 잡 바이 텐 피.엠.

단어 숙어

invite 동 초청하다, 부탁하다
treat 동 대우하다, 대접하다 명 대접
dinner 명 정찬, 만찬, 정식
away 부 떨어져, 떠나서 명 원정 시합

⁚ 초대받았을 때

* Thank you for inviting me. 초대해 주셔서 감사합니다.
땡큐 포ㄹ- 인봐이딩 미.

* Thanks for the invitation. 초대 고마워.
땡ㅅ 포ㄹ- 디 인뷔테이션.

* I appreciate you inviting me to dinner.
아이 어프뤼쉬에잇 유 인봐이딩 미 투 디너ㄹ.
저녁식사 초대에 감사드립니다.

* I did not expect to be invited to this party.
아이 딧 낫 익스펙 투 비 인봐이디드 투 디스 파ㄹ-디.
이 파티에 초대받을 거라고 기대 안 했습니다.

* Are you inviting me to lunch? 점심 초대 하는 거야?
아ㄹ- 유 인봐이딩 미 투 런취?

* Thanks for inviting me to your housewarming party.
땡ㅅ 포ㄹ- 인봐이딩 미 투 유어ㄹ- 하우스워ㄹ-밍 파ㄹ-디.
집들이 초대 고마워요.

* What are you celebrating?
왓 아ㄹ- 유 쎌러브뤠이딩?
무슨 특별한 날입니까? (= 무엇을 축하하시는데요?)

* What time should I be there?
왓 타임 슛 아이 비 데어ㄹ-?
몇 시까지 도착하면 됩니까?

단어 숙어

expect 동 기대하다
celebrating 동(celebrate : 축하하다)
housewarming party 집들이
there 부 거기

* How many people are you expecting?
하우 메니 피플 아ㄹ- 유 익스펙팅?
몇 명이나 오나요?

★ how many ~? 몇 개(명)입니까? 셀 수 있는 명사들을 지칭할 때에는 'How many ~?'로 셀 수 없는 명사를 칭할 때에는 'How much ~?'로 표현합니다.

ex) How many children in the playground? 놀이터에 몇 명의 아이들이 있습니까?
하우 메니 췰드뤈 인 더 플레이그롸운ㄷ?

How much salt did you put in the soup? 수프에 소금을 얼마나 넣었니?
하우 머취 썰ㅌ 디쥬 풋 인 더 숩?

* Should I dress up? 갖추어 입어야 합니까?
숫 아이 드레ㅅ 업?

* You can wear casual. 편하게 입으세요.
유 캔 웨어ㄹ 캐쥬얼.

= Please wear casual.
플리ㅈ 웨어ㄹ- 캐쥬얼.

승낙과 거절

* I'm coming. 갈게요.
아임 커밍.

* Sounds great. 재미있을 것 같네요.
싸운ㅅ 그뤠잇.

* That sounds wonderful! 무척 재미있겠네요.
댓 싸운ㅅ 원더ㄹ-풀!

단어 숙어

how many 몇 개의, 몇 번의, 얼마나
people 명 사람들 (* 복수 취급합니다.)
playground 명 운동장, 놀이터
salt 명 소금
soup 명 수프
dress up 갖추어 입다. 정장을 차려 입다
wear 동 입다
casual 형 평상복의, 일상복의
sounds 동 (sound : ~하게 들리다)
wonderful 형 경이적인, 멋진

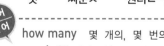

* Thank you!　　고마워요!
땡큐!

* I'd like that.　　좋아요.
아이들 라잌 댓.

* OK! I'll come.　　그래요! 갈게요.
오케이! 알 컴.

* May I come with my friend?
메이 아이 컴 윗 마이 프렌드?
친구와 함께 가도 될까요?

* Thank you. I'd like to.　　고마워요. 가고 싶어요.
땡큐. 아이들 라잌 투.

* I'm not sure if I can make it.
아임 낫 슈어ㄹ– 이ㅍ 아이 캔 메이킷.
갈 수 있을지 모르겠습니다.

★ if : 주로 '만약 ~라면'으로 쓰입니다.

ex) If you have a good idea, please let me know.
이퓨 해뷔 굿 아이디어, 플리즈 렛 미 노우.
만약 좋은 아이디어가 있으시면 알려주세요.

If you want to buy it, you need to tell me.
이퓨 원 투 바이 잇, 유 닛 투 텔 미.
만약 그걸 사고 싶다면 나한테 말해요.

다음의 문장에서는 '~인지 어떤지'로 쓰였습니다.

ex) I'm not sure if you can do it. 네가 그것을 할 수 있을지 없을지 확신이 없다.
아임 낫 슈어ㄹ 이퓨 캔 두 잇.

* I don't think I can (go).　　갈 수 없을 것 같습니다.
아이 돈 씽ㅋ 아이 캔 (고우).

단어 숙어

friend 명 벗, 친구
sure 형 확신하는, 틀림없는
please 형 부디, 제발
think 동 ~이라고 생각하다

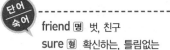

★ can't의 발음은 can과 거의 비슷하여 듣기만 하였을 때에는 '할 수 있다'와 '할 수 없다'를 구분하기 힘들 수 있습니다. can't은 stress(강세)를 주어 장음으로 발음하며 마지막 t 뒤에 모음이 없으므로 '트'라고 읽지 않습니다. 반대로 can은 단음으로 짧게 stress(강세) 없이 발음합니다.

> **I can't go today.** 오늘은 갈 수 없어요.
> **아이 캔 고우 투데이.**
> **'can't'**의 **'t'**는 발음하지 않습니다. **'can't'**에 **stress**를 주어 발음합니다.
> **I can go today.** 오늘은 갈 수 있어요.
> **아이 캔 고우 투데이.**
> **'go'**에 **stress**를 주어 발음합니다.

* I wish I could go. 가고는 싶습니다.
아이 위쉬 아이 쿳 고우.

★ '가고는 싶지만 갈 수 없다'는 뜻으로 정중히 거절하는 표현입니다.

* I'm afraid I can't. 갈 수가 없네요.
아임 어프뤠잇 아이 캔.

* I'd love to, but I won't be able to go.
아이들 러ㅂ 투, 벗 아이 온 비 에이블 투 고우.

가고는 싶지만 갈 수가 없네요.

★ I won't be able to ... = I will not be able to = I can't ... : …할 수가 없습니다. be able to는 can과 똑같이 해석합니다. (할 수 있다.) 위의 문장에서는 부정으로 쓰였으므로 '~할 수가 없다.'로 해석합니다.

긍정문의 경우

ex) I will be able to see you tomorrow. 내일 만날 수 있습니다.
아이 윌 비 에이블 투 씨 유 터마뤄우.
= I can see you tomorrow.
아이 캔 씨 유 터마뤄우.

단어 숙어

- **wish** 동 희망하다, ~를 바라다
- **great** 형 훌륭한, 아주 멋진
- **can** 동 할 수 있다
- **afraid** 형 ~를 두려워하여(걱정하여)
- **tomorrow** 명 내일

* I'm sorry, I am busy right now.
아임 쏘뤼, 아이 앰 비지 롸잇 나우.
죄송합니다만, 지금 당장은 바빠서요.

* Sorry. I already have a plan. 미안해. 이미 계획이 있어.
쏘뤼. 아이 올뤠디 해뷔 플랜.

* I have an engagement. I'm sorry.
아이 해뷘 인게이쥐먼ㅌ. 아임 쏘뤼.
약속이 있어. 미안해.

* Maybe next time? 다음 기회에 어떨까요?
메이비 넥스ㅌ 타임?

방문

* Thank you for coming. 와 줘서 고마워.
땡큐 포ㄹ- 커밍.

* Please come in. 들어오세요.
플리ㅈ 컴 인.

* Make yourself at home. 편히 계세요.
메이 큐어ㄹ-셀ㅍ 앳 홈.

★ 직역하면 '당신 자신이 집에 있도록 하세요.' 즉, '집에 있는 것처럼 편하게 하세요.'라는 뜻입니다.

* Dinner is ready. 식사 준비됐습니다.
디너ㄹ- 이ㅈ 뤠디.

단어 숙어

busy 형 바쁜
right now 바로 지금
already 부 이미, 벌써
engagement 명 약속, 계획
maybe 부 아마 , 어쩌면
dinner 명 정찬, 만찬, 오찬

* Help yourself. 마음껏 드세요.
헬ㅍ 유어ㄹ-셀ㅍ.

★ 'Help yourself' '(먹어서) 네 자신을 도와라'라는 뜻입니다. 즉, '많이 먹어서 네 몸을 이롭게 하라'는 뜻이죠. 경우에 따라서 '마음껏 드세요.', '마음껏 쓰세요.', '마음껏 하세요.' '좋을 대로 하세요.'로 씁니다.

ex) A : May I use your phone? 전화 좀 써도 될까요?
메이 아이 유ㅈ 유어ㄹ- 폰?

B : Help yourself. 마음대로 쓰세요.
헬ㅍ 유어ㄹ-셀ㅍ.

Please, help yourself to some cookies. 과자 좀 드세요.
플리ㅈ, 헬ㅍ 유어ㄹ-셀ㅍ 투 썸 쿠키ㅅ.

Help yourself to whatever you want.
헬ㅍ 유어ㄹ-셀ㅍ 투 왓에버ㄹ 유 원ㅌ.
원하시는 것 다 가지세요.(드세요, 쓰세요.)

경우에 따라 여러 가지로 해석할 수 있습니다.

* Enjoy yourself. 재미있게 놀다가.
인조이 유어ㄹ-셀ㅍ.

* Have fun. 즐겁게 보내.
해ㅂ 풘.

* Did you have fun tonight? 오늘 밤 재미있었어요?
디쥬 해ㅂ 풘 투나잇?

* Would you like to stay more for dinner?
우쥬 라잌 투 스테이 모어ㄹ- 포ㄹ- 디너ㄹ-?
더 있다가 저녁 식사 하고 가세요.

* Can't you stay a little longer? 조금 더 있다 가시면 안 돼요?
캔 츄 스테이 어 리들 롱거ㄹ?

단어 숙어

enjoy 동 즐기다
fun 명 장난, 놀이, 재미
tonight 명 오늘 밤
more 형 더 많은, 이상의
stay 동 머무르다

수량 형용사
little : 별로 없는, 거의 없는 (부정의 기분)
a little : 약간 있는, 조금은 있는, 그나마 있는(긍정의 기분)

ex) There is a little hope. 약간의 희망은 있다.
데어ㄹ 이ㅈ어 리들 홉.

We have very little time. 우리에게는 시간이 거의 없다.
위 해ㅂ 붸뤼 리들 타임.

* The night is still young. 아직 초저녁이야.
더 나잇 이ㅈ 스틸 영.

* Please come and see us sometime. 언제 또 한 번 와.
플리ㅈ 컴 앤 씨 어ㅅ 썸타임.

* You're welcome. 천만에.
유어ㄹ- 웰컴.

* Don't mention it. 별 말씀을.
돈 맨션 잇.

* I hope we can get together again another time.
아이 홉 위 캔 겟 투게더ㄹ- 어겐 어나더ㄹ- 타임.
다음 번에 함께 또 모이면 좋겠다.

* Let's get together soon. 조만간 다시 모이자.
렛ㅊ 겟 투게더ㄹ- 순.

* Thank you for the invitation. 초대 고마워.
땡큐 포ㄹ- 디 인뷔테이션.

* I brought some cookies; I hope you like them.
아이 브뤄ㅅ 썸 쿠키ㅅ; 아이 홉 유 라잌 댐.
과자를 좀 가져왔는데 맘에 들면 좋겠다.

* I guess I'd better be leaving.
아이 게ㅅ 아이ㄷ 베더ㄹ- 비 리빙.
이제 그만 가 봐야 할 것 같아.

* I gotta be off now. 이제 그만 가 봐야겠어요.
아이 가더ㄹ-비 어ㅍ 나우.

gotta = got to 해야 합니다. (= have to)
I got to finish it now. = I gotta finish it now. 지금 끝내야 합니다.
아이 갓 투 퓌니쉬 잇 나우.

* I really enjoyed the meal. 식사 정말 맛있었습니다.
아이 륄리 인조이ㄷ 더 밀.

* Thank you for the party. 오늘 파티 고마웠어요.
땡큐 포ㄹ- 더 파ㄹ디.

* I enjoyed talking with you. 얘기 즐거웠습니다.
아이 인조이ㄷ 터킹 윗 유.

* It was fantastic. 정말 환상적이었어요.
잇 워ㅈ 퐌타스틱.

* I really appreciate your hospitality.
아이 륄리 어프리쉬에잇 유어ㄹ- 하스퍼텔러디.
호의 정말 감사합니다.

단어 숙어

mention 동 언급하다
get together 한데 모이다
talking 동 (talk) 이야기하다
invitation 명 초대, 초대장
guess 동 추측하다, 짐작하다
leaving 동 (leave) 떠나다
fantastic 형 환상적인
appreciate 동 고맙게 생각하다, 진가를 인정하다
hospitality 명 접대

* Thank you for the pleasant time.
땡큐 포ㄹ- 더 플래즌 타임.

즐거운 시간 고맙습니다.

★ 앞 단어의 끝 발음과 그 다음 단어의 첫 발음이 같은 철자이면 한번 발음합니다.

ex) ~~Pleasant time.~~ ▶ 즐거운 시간
플래즌트 타임.

~~just talking~~ ▶ (그냥) 얘기하다.
져스트 터킹.

* Let's keep in touch. 계속 연락합시다.
렛ㅊ 킵 인 터취.

단어 숙어

pleasant 형 유쾌한
talking 형 말하는 명 담화, 토론
keep 동 보유하다, 두다, 유지하다
touch 동 ~에 대다, 건드리다, 접촉하다

Chapter 03

시간·날씨·계절

★ 시간 · 날짜
★ 계절(봄)
★ 계절(여름)
★ 계절(가을)
★ 계절(겨울)
★ 날씨
★ 날짜
★ 날씨에 대한 여러 표현

03 시간·날씨·계절 time/weather/seas

Dialogue

A : Do you have time for coffee? 커피 한 잔 할 시간 있어?
두 유 해ㅂ 타임 포ㄹ- 커퓌?

B : Sounds good! 좋지!
싸운ㅅ 굿!

But I have a 2'clock meeting. 그런데 두 시에 회의가 있어.
벗 아이 해버 투 어클락 미딩.

A : It won't take long. 잠깐이면 돼.
잇 온 테이크 롱.

B : OK! Let's go! 그럼 갈까!
오케이! 렛ㅊ 고우!

시간·날짜

* What time is it? 몇 시입니까?
왓 타임 이ㅈ 잇?

* What time is it now? 지금 몇 시입니까?
왓 타임 이ㅈ 잇 나우?

* What time is it in New York? 뉴욕은 몇 시입니까?
왓 타임 이ㅈ 잇 인 뉴요ㄹ크?

* What is the time difference to Seoul?
왓 이ㅈ 더 타임 디풔런ㅅ 투 서울?
서울과 시차가 얼마나 됩니까?

단어 숙어
take long (시간이) 오래 걸리다 time difference 시차

* Nine hours later than here.
나인 아워ㄹㅅ 레이러 댄 히어ㄹ.
여기보다 아홉 시간 느립니다.

* Do you have the time?
두 유 해ㅂ 더 타임?
시계가 있으십니까? (몇 시입니까?)

* Do you have time? 시간이 있으십니까?
두 유 해ㅂ 타임?

'~할 시간이 있으십니까?'
시계 있으세요? (= 몇 시입니까?)

★ '보통 do동사는 의문문에서는 의문문을 만들기 위해 붙이기 때문에 특별한 뜻을 가지고 있지는 않습니다. 따라서 특별히 해석하지 않습니다. 즉, 의문문에서 do동사의 의미는 의문문의 형태로 만들기 위함입니다.

do동사를 이용한 의문문

ex) Do you like coffee? 커피 좋아하세요?
두 유 라잌 커퓌?

Do they have a child? 그 사람들은 아이가 있나요?
두 데이 해붜 좌일드?

* It's six in the morning. 지금 오전 6시야.
잇ㅊ 씩ㅅ 인 더 모ㄹ-닝.

* It's 8 a.m. 오전 8시입니다.
잇ㅊ 에잇 에이엠.

* It's just three. 정각 3시입니다.
잇ㅊ 져스ㅌ 쓰뤼.

* It's two thirty. 2시 30분입니다.
잇ㅊ 투 써ㄹ디.

* My watch keeps good time.
마이 워취 킵ㅅ 굿 타임.
제 시계는 시간이 잘 맞습니다.

* My watch is about five minutes slow.
마이 워취 이ㅈ 어바웃 퐈이ㅂ 미닛ㅊ 슬로우.
제 시계는 5분 정도 느립니다.

* My watch is five minutes fast.
마이 워취 이ㅈ 퐈이ㅂ 미닛ㅊ 패스ㅌ.
제 시계는 5분 빠릅니다.

* My watch says nine ten.
마이 워취 쎄ㅈ 나인 텐.
제 시계가 9시 10분을 가리키고 있네요.

* It's fifteen past six. 6시 15분입니다.
잇ㅊ 퓝프틴 패스ㅌ 씩ㅅ.

= It's six fifteen.
잇ㅊ 씩ㅅ 퓝프틴.

* It's a quarter to five. 5시 15분 전입니다.
잇ㅊ 어 쿼ㄹ더ㄹ 투 퐈이ㅂ.

★ quarter는 '4분의 1'이므로 15분을 말합니다. 위 문장에서 'to'는 '~전의'로 해석합니다.

단어 숙어

later 형 더 늦은(late의 비교급)
about 부 대략
watch 명 시계, 동 지켜보다, 주시하다
minute 명 분

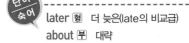

* How long it will take? 시간이 얼마나 걸리겠습니까?
하우 롱 잇 윌 테잌?

* What day is it today? 오늘이 무슨 요일입니까?
왓 데이 이ㅈ 잇 투데이?

* What's today's date? 오늘이 며칠입니까?
왓ㅊ 투데이ㅅ 데잇?

=What's the date today?
왓ㅊ 더 데잇 투데이?

* When is your birthday? 생일이 언제입니까?
웬 이ㅈ 유어ㄹ- 버ㄹ-쓰데이?

* When is your year of birth? 몇 년 생이십니까?
웬 이ㅈ 유어ㄹ- 이어ㄹ 어ㅂ 버ㄹ쓰?

* I was born in 1978. 저는 1978년생입니다.
아이 워ㅈ 보ㄹ온 인 나인틴 쎄븐티에잇.

★ 연도를 읽을 때에는 앞 두 자리 숫자와 뒷 두 자리 숫자를 함께 읽습니다.

ex) 1948 나인틴 포ㄹ디에잇
1988 나인틴 에이디에잇
2000년부터는 투싸우전드로 읽은 다음 나머지 숫자를 읽습니다.
2007 투싸운전드 쎄븐

단어 숙어

slow 형 느린
past 전 지난
birthday 명 생일
year 명 해, 년
birth 명 탄생, 출신
fifteen 형 15의
five 형 5의, 다섯 개의
be born 태어나다

계절(봄)

* How's the weather today? 오늘 날씨가 어떻습니까?
하우ㅅ 더 웨더ㄹ 투데이?

* Spring at last! 드디어 봄이다!
스프링 앳 라스트!

* Spring has come. 봄이 왔습니다.
스프링 해ㅈ 컴.

* It became spring. 봄이 되었습니다.
잇 비케임 스프링.

* I can feel the breath of spring. 봄을 느낄 수 있습니다.
아이 캔 퓔 더 브뤠ㅅ 어ㅂ 스프링.

* Spring has come, and the weather has become
스프링 해ㅈ 컴, 앤 더 웨더 해ㅈ 비컴

warmed up. 봄이 와서 날씨가 따뜻해졌습니다.
웜ㄷ 업.

* Today was winter's last blast.
투데이 워ㅈ 윈터ㄹㅅ 라스트 블래스ㅌ.
오늘은 꽃샘 추위가 있었습니다.

* Spring frost is expected this week.
스프링 프뤄스트 이ㅈ 익스펙티ㄷ 디ㅅ 윅.
이번 주는 꽃샘 추위가 예상됩니다.

단어 숙어

weather 명 (climate 클라이밋 : 기후), 날씨
at last 드디어, 마침내
feel 동 느끼다
breath 명 숨결, 생기
warm 형 따뜻한
blast 명 센바람, 한바탕의 바람
frost 명 서리, 결빙 동 얼다
expected 형 기대된, 예기된

* The whole world becomes green in spring.
더 호울 월ㄷ 비컴ㅅ 그륀 인 스프륑.
봄에는 온 세상이 푸르러집니다.

* We went to view the flowers. 꽃을 구경하러 갔다.
위 웬 투 뷰 더 플라워ㄹㅅ.

* Spring passed into summer.
스프륑 패스ㄷ 인투 써머ㄹ.
봄이 지나고 여름이 왔습니다.

* It is clear without a hint of cloud.
잇 이ㅈ 클리어ㄹ 위다웃 어 힌ㅌ 어ㅂ 클라우ㄷ.
구름 한 점 없습니다.

=There isn't a cloud in the sky.
데어 이즌 어 클라웃 인 더 스카이.

* I like spring best of all seasons in a year.
아이 라잌 스프륑 베스ㅌ 어ㅂ 얼 씨즌ㅅ 인 어 이어ㄹ.
일 년 중에 나는 봄을 가장 좋아한다.

* I suffer from spring fever. 나는 봄을 탄다.
아이 써풔ㄹ 프뤔 스프륑 퓌붜.

* The cherry blossoms are at their best.
더 췌뤼 블라썸ㅅ 아ㄹ– 앳 데어 베스ㅌ.
벚꽃이 한창입니다.

단어 숙어

whole 형 전체의
view 명 보기, 바라보기
world 명 세계, 세상
green 형 초록의, 풀빛의
clear 형 밝은, 맑은, 투명한
without 전 ~없이
a hint of 조금
cloud 명 구름
fever 명 열병, 흥분
suffer 동 경험하다, 겪다, 입다
cherry blossom 명 벚꽃
blossom(s) 명 꽃(들)
be at one's best 한창 때이다, 최고다

* There are the scents of acacia and roses
데어ㄹ 아ㄹ– 더 쎈ㅊ 어ㅂ 어케이샤 앤 뤄우지ㅅ
in the air. 아카시아와 장미 향기를 맡을 수 있다.
인 디 에어.

계절(여름)

* Summer is near at hand. 여름이 다가왔습니다.
써머ㄹ 이ㅈ 니어ㄹ 앳 핸ㄷ.

* It is summer. 여름이다.
잇 이ㅈ 써머ㄹ.

* I like summer the best. 나는 여름이 제일 좋아.
아이 라잌 써머ㄹ 더 베스ㅌ.

* What is the temperature? 기온이 몇 도입니까?
왓 이ㅈ 더 템퍼뤄춰?

* We suffered from the heat.
위 써풔ㄹㄷ 프뤔 더 힛.
우리는 더위 때문에 고생했습니다.

* I can't stand the heat. 더위를 못 참겠습니다.
아이 캔 스탠 더 힛.

단어 숙어

scent 명 향기
acacia 명 아카시아
rose 명 장미
flower(s) 명 꽃(들)
pass(ed) into ~가 되다, ~으로 바뀌다
near 부 (장소 · 시간이)가까이
near at hand 바로 가까이에
summer 명 여름
temperature 명 기온
suffer 동 경험하다, 겪다, 입다
heat 명 열, 뜨거움, 더위
stand 동 참다, 견디다

* Please turn on the air conditioner. 에어컨 좀 켜주세요.
플리ㅈ 터ㄹ언 언 디 에어ㄹ 컨디셔너ㄹ.

* I couldn't sleep because of the mosquitos.
아이 쿠든 슬립 비커ㅈ 어ㅂ 더 모스키도ㅅ.
모기들 때문에 잠을 잘 수가 없었습니다.

* I couldn't fall asleep because of the noise of
아이 쿠든 폴 어슬립 비커ㅈ 어ㅂ 더 노이ㅈ 어ㅂ

mosquitos. 모기 소리 때문에 잠을 잘 수가 없었습니다.
모스키도ㅅ.

★ because of~ : ~ 때문에

because는 접속사이므로 뒤에 주어 + 동사의 형태가 와야 합니다. 그러나 because of로 사용할 경우에는 그 뒤에 명사나 대명사가 옵니다.

ex) Because I had an engagement, I couldn't be at the party.
비커ㅈ 아이 해던 인게이쥐먼ㅌ, 아이 쿠든 비 앳 더 파ㄹ디.
제가 약속이 있어서 파티에 참석하지 못했습니다.

Because of my fault, he got an accident.
비커ㅈ 어ㅂ 마이 펄ㅌ, 히 가던 액씨던ㅌ.
내 실수 때문에 그가 사고를 당했다.

* I was bitten by mosquitos last night.
아이 워ㅈ 비튼 바이 모스키도ㅅ 라스ㅌ 나잇.
간밤에 모기한테 물렸어요.

* My eye had puffed up because of a
마이 아이ㅈ 해ㄷ 퍼프ㄷ 업 비커ㅈ 어ㅂ어

mosquito bite. 모기한테 물려서 눈이 부었어요.
모스키도 바잇.

단어 숙어

turn on 켜다 (turn off 끄다)
air conditioner 명 에어컨
fall asleep 잠들다
engagement 명 약속, 계약, 일 업무
mosquito(s) 명 모기(들)
puff up 부풀어 오르다
bite 동 명 물다, 물린 상처
accident 명 사고, 우연

* This summer is just too hot to do anything.
디ㅅ 써머ㄹ 이ㅈ 져스 투- 핫 투 두 에니씽.
이번 여름은 너무 더워서 아무것도 못하겠어요.

★ too+형용사+to+동사원형 : …하기엔 너무 ~하다. (= 너무 ~해서 …할 수 없다.)

ex) She is too innocent to do that. 그녀는 그런 짓을 하기에는 너무 순수해요.
쉬 이ㅈ 투- 이노쓴트 투 두 댓.

It is too far to be there in an hour. 한 시간 안에 가기에는 너무 멀어요.
잇 이ㅈ 투-퐈ㄹ-투 비 데어ㄹ 인 언 아워ㄹ.

* I took a cold shower because it was too hot.
아이 툭 어 콜ㄷ 샤워 비커ㅈ 잇 워ㅈ 투- 핫.
너무 더워서 찬물로 샤워를 했습니다.

* We didn't decide what to do for the summer
위 디든 디싸이ㄷ 왓 투 두 포ㄹ- 더 써머ㄹ

vacation. 여름휴가 동안 무엇을 할지 아직 결정 못했습니다.
붸케이션.

* We are planning to go to a resort in Thailand
위 아ㄹ- 플래닝 투 고우 투 어 뤼조ㄹ트 인 타일랜ㄷ

this summer.
디ㅅ 써머ㄹ.
우리는 이번 여름에 태국의 리조트에 갈 계획입니다.

* I want to travel abroad to avoid the hot summer.
아이 원 투 트뤠블 어브뤄ㄷ 투 어보이ㄷ 더 핫 써머ㄹ.
이번 피서로 외국 여행을 가고 싶어요.

단어 숙어

smoke 동 연기를 피우다
decide 동 결정하다
vacation 명 휴가, 방학
resort 명 리조트

* I want to get a good suntan this summer.
아이 원투 게더 굿 썬텐 디ㅅ 써머ㄹ.
이번 여름에는 썬텐을 잘 하고 싶어요.

* It began to rain. 비가 내리기 시작했습니다.
잇 비겐 투 뤠인.

* It drizzled from this morning.
잇 드뤼즐ㄷ 프뤔 디ㅅ 모ㄹ닝.
아침부터 부슬부슬 비가 내리기 시작했습니다.

* It's the rainy season. 장마철입니다.
잇ㅊ 더 뤠이니 씨즌.

* It is only passing shower. 그냥 지나가는 비야.
잇 이ㅈ 온리 패씽 샤워.

* I'm glad I brought along my umbrella.
아임 글랫 아이 브뤗 얼롱 마이 엄브뤨러.
우산을 가져오길 잘했네요.

= Good thing I brought along my umbrella.
굿 씽 아이 브롯 얼롱 마이 엄브뤨러.

* It's beginning to rain but I haven't brought my umbrella. 비가 오기 시작하는데 우산을 안 가지고 왔네요.
잇ㅊ 비기닝 투 뤠인 벗 아이 해븐ㅌ 브롯 마이 엄브뤨러.

단어 숙어

avoid 동 피하다
began 동 (begin의 과거형) 시작하다
drizzled 동 (drizzle) 가랑비가 내리다
from 전 ~부터
shower 명 소나기
umbrella 명 우산
without 전 ~없이
soak 동 빨아들이다, 흠뻑 젖다
brought along (bring along 의 과거형) ~을 가지고 가다, 데려가다

* Without an umbrella, I was soaking wet.
위다웃 언 엄브렐러, 아이 워ㅈ 쏘킹 웻.
우산이 없어서 흠뻑 젖었습니다.

* We shared the umbrella. 우리는 우산을 같이 썼습니다.
위 쉐어ㄹㄷ 디 엄브렐러.

* Because it was a rainy day, I took an umbrella with me.
비커ㅈ 잇 워ㅈ 어 뤠이니 데이, 아이 툭 언 엄브렐러 윗 미.
비가 와서 우산을 가지고 나왔습니다.

* I forgot my umbrella. 우산을 잊어버렸습니다.
아이 풔ㄹ갓 마이 엄브렐러.

* Take your umbrella. 우산을 가지고 가.
테익 유어ㄹ- 엄브렐러.

∘ 계절(가을)

* I like autumn best. 저는 가을을 제일 좋아합니다.
아이 라익 어텀 베스트.

* It's seems to be fall. 가을이 온 것 같아요.
잇ㅊ 씸ㅅ 투 비 퓔.

= It's seems that autumn has come.
잇ㅊ 씸ㅅ 댓 어텀 해ㅈ 컴.

단어/숙어

wet 동 젖다
got off (get off의 과거형) 내리다
found 동 (find의 과거형) 알아내다, 확인하다
rainy 형 비오는, 비가 많은
left 동 (leave의 과거형) 두고 오다
behind 전 (장소/위치)의 후방에, 뒤에
share 동 같이 쓰다, 나누다
took 동 (take의 과거형) 취하다, 가지다

* The autumn approaches. 가을로 접어들었습니다.
디 어텀 어프뤄취ㅅ.

* Fall is the harvest season. 가을은 수확의 계절입니다.
풜 이ㅈ 더 하ㄹ비스ㅌ 씨즌.

* The sky's clear in fall. 가을엔 하늘이 맑습니다.
더 스카이ㅅ 클리어ㄹ 인 풜.

* A gentle breeze is blowing. 산들바람이 붑니다.
어 젠틀 브뤼ㅈ 이ㅈ 블로잉.

* As the wind blew, the leaves fell.
애ㅈ 더 윈ㄷ 블루, 더 리브ㅅ 퉬.
바람이 부니 낙엽이 떨어졌습니다.

* Everybody has a good appetite in autumn.
에브뤼바디 해ㅈ 어 굿 에피타잇 인 어텀.
가을은 식욕의 계절입니다.

* The forest is a mass of color in fall.
더 포뤠스ㅌ 이ㅈ어 메ㅆ 어ㅂ 컬러ㄹ 인 풜.
가을이면 숲이 형형색색의 모습을 나타냅니다.

* We will go to a mountain to enjoy the autumn
위 윌 고우 투 어 마운틴 투 인죠이 디 어텀
leaves. 우리는 가을 단풍을 보러 산에 갈거야.
리브ㅅ.

단어 숙어

approach 통 다가오다, 가까이 오다
harvest 명 수확
gentle 형 부드러운
breeze 명 바람
blowing 통 (blow) 불다
leave(s) 명 나뭇잎(들)
fell 통 (fall의 과거형) 떨어지다
everybody 형 누구든지, 모두
appetite 명 식욕
forest 명 숲
mass 명 다량, 다수
mountain 명 산

* Will you go to the mountain to see beautiful
월류 고우 투 더 마운틴 투 씨 뷰디풀

autumn leaves? 예쁜 단풍 구경하러 산에 갈래요?
어텀 리브ㅅ?

* The sky is high in autumn. 가을에는 하늘이 높아진다.
더 스카이 이ㅈ 하이 인 어텀.

* The days are getting shorter. 낮이 점점 짧아집니다.
더 데이ㅈ 아ㄹ– 게딩 쇼ㄹ더ㄹ.

★ be +getting + 형용사er = 점점 ~해진다

ex) It is getting harder. 점점 더 어려워진다.
잇 이ㅈ 게딩 하ㄹ더ㄹ.

You are getting prettier. 점점 더 예뻐지는구나.
유 아ㄹ– 게딩 프뤼티어ㄹ.

* I feel chilly when I went out at night.
아이 퓔 칠리 웬 아이 웬트 아웃 앳 나잇.
저녁에 밖에 나오면 쌀쌀합니다.

* We should wear long-sleeved shirts now.
위 슈ㄷ 웨어ㄹ 롱–슬리브ㄷ 셔ㄹ츠 나우.
이제 긴 팔 셔츠를 입어야 해.

* It is the time when we catch a cold easily.
잇 이ㅈ 더 타임 웬 위 캐취 어 콜ㄷ 이즐리.
요즘은 감기 걸리기 쉬워요.

단어 숙어

beautiful 형 아름다운
high 형 높은
when 부 ~할(한) 때
day(s) 명 낮(들)
chilly 형 쌀쌀한
went out (go out의 과거형) 밖에 나가다, 외출하다
long-sleeved shirts 명 긴팔 셔츠
wear 동 입다
catch 동 걸리다, 붙잡다
easily 부 쉽게
piled up 첩첩 쌓여 있다
along 전 ~을 따라

계절(겨울)

* There was a ton of snow piled up along the road side.
데어ㄹ 워ㅈ 어 톤 어ㅂ 스노우 파일ㄷ 업 얼롱 더 로ㄷ 싸이ㄷ.
도로 옆에는 눈이 많이 쌓여 있었습니다.

* The world was covered with snow.
더 월ㄷ 워ㅈ 커붜ㄹㄷ 윗 스노우.
온 세상이 눈으로 덮였습니다.

* I was looking forward to the first snow.
아이 워ㅈ 루킹 포ㄹ워ㄷ 투 더 풔ㄹ스ㅌ 스노우.
첫 눈을 기다렸습니다.

* Would you sweep the snow away? 눈 좀 치워 줄래요?
우쥬 스윕ㅌ 더 스노우 어웨이?

* It became cold. 날씨가 추워졌습니다.
잇 비케임 콜ㄷ.

* I was cold to the bone. 뼛속까지 추워요.
아이 워ㅈ 콜ㄷ 투 더 보운.

* I was freezing to death. 얼어서 죽는 줄 알았어요.
아이 워ㅈ 프뤼징 투 데ㅅ.

* I am frostbitten. 동상에 걸렸습니다.
아이 앰 프뤄스ㅌ비튼.

단어 숙어

road 명 길
side 형 옆, 가장자리
be looking forward to ~를 고대하다
sweep 동 쓸다
bone 명 뼈
death 명 죽음, 사망
freezing 형 어는, 몹시 추운
frostbitten 형 동상에 걸린, 상해를 입은

* We shivered because of the cold.
위 쉬버ㄹㄷ 비커즈 어ㅂ 더 콜ㄷ.
우리는 추워서 벌벌 떨었어요.

* The temperature dropped very low this morning.
더 템퍼뤄춰 드랍ㄷ 붸뤼 로 디ㅅ 모ㄹ-닝.
기온이 오늘 아침에는 많이 떨어졌어요.

* The temperature is above zero. 기온이 영하예요.
더 템퍼뤄춰 이ㅈ 어버ㅂ 지로.

* I bundled up. 옷을 많이 껴입었습니다.
아이 번들ㄷ 업.

* I turned the heater on. 히터를 켰습니다.
아이 터ㄹ언ㄷ 더 히더ㄹ 언.

* Please turn the heater up. 히터를 좀 세게 올려라.
플리ㅈ 터ㄹ언 더 히더ㄹ 업.

* Why don't you wear warm? 좀 따뜻하게 입지 그래?
와이 돈츄 웨어ㄹ 워ㄹ엄?

* He puts on the mittens. 그는 장갑을 꼈습니다.
히 풋ㅊ 언 더 미튼ㅅ.

* I wore thick clothes. 두꺼운 옷을 입었습니다.
아이 워ㄹ 틱 클로ㅅ.

단어 숙어

temperature 명 온도, 기온
low 형 낮은 (반 : high 높은)
above 전 ~보다 위에, ~를 넘는
bundle 명 묶음
shivered 동 (shiver의 과거형) 추위로 벌벌 떨다
dropped (drop의 과거형) 어떤 상태가 되다, 어떤 상태에 빠지다
bundle up 껴입다
mitten(s) 명 장갑(들)
thick 형 두꺼운
clothes 명 옷, 의복

* We had a snowball fight. 우리는 눈싸움을 했습니다.
위 해더 스노우볼 퐈잇.

* He asked me to make a big snowman in the garden.
히 애스크ㅌ 미 투 메이커 빅 스노우맨 인 더 가ㄹ든.
그는 마당에 커다란 눈사람을 만들어 달라고 졸랐습니다.

* We go to a ski resort in winter.
위 고우 투 어 스키 리조ㄹㅌ 인 윈터ㄹ.
겨울이면 우리는 스키 리조트에 갑니다.

* My son went to the river to go sledding.
마이 썬 웬 투 더 뤼붜ㄹ 투 고우 슬레딩.
아들이 썰매를 타려고 강에 갔습니다.

날씨

* What's the weather forecast for today?
왓ㅊ 더 웨더ㄹ 풔ㄹ캐스ㅌ 포ㄹ- 투데이?
오늘의 기상예보는 어떻습니까?

=What's the forecast for today?
왓ㅊ 더 풔ㄹ캐스ㅌ 포ㄹ- 투데이?

단어 숙어

- snowball 명 눈싸움, 눈뭉치
- fight 명 싸움, 논쟁
- asked 동 (ask의 과거형) 묻다, 부탁하다
- make 동 만들다
- big 형 큰
- snowman 명 눈사람
- in 전 ~안에
- put on 입다, 신다(opp. take off), 끼다, 쓰다(반 : take off)
- garden 명 마당, 정원
- son 명 아들
- resort 명 행락지, 리조트
- sledding 명 썰매타기
- river 명 강
- forecast 명 (날씨)예보
- weather 명 날씨

* Do you know the weather report for tomorrow?
두 유 노우 더 웨더ㄹ 뤼포ㄹㅌ 포ㄹ- 터마뤄우?

내일의 일기예보 아세요?

* How's the weather today? 오늘 날씨가 어때요?
하우ㅅ 더 웨더ㄹ 투데이?

= What's the weather like today?
왓ㅊ 더 웨더ㄹ 라읶 투데이?

* How's the weather like there? 거기는 날씨가 어때요?
하우ㅅ 더 웨더ㄹ 라읶 데어ㄹ?

* How's the weather outside? 바깥 날씨가 어떻습니까?
하우ㅅ 더 웨더ㄹ 아웃사이ㄷ?

* What's the temperature today?
왓ㅊ 더 템퍼뤄춰 투데이?

오늘의 기온은 몇 도입니까?

* How do you feel about the climate in London?
하우 두 유 필 어바웃 더 클라이밋 인 런던?

런던의 기후는 어떤가요?

* Do you think it will rain? 비가 올 것 같아요?
두 유 씽킷 윌 뤠인?

* The weather is changeable these days.
더 웨더ㄹ 이ㅈ 췌인저블 디ㅈ 데이ㅅ.

요즈음 날씨가 변덕스럽군요.

단어 숙어

forecast 명 (날씨)예보
report 명 보도, 기사
outside 명 바깥, 외부
compared with[to] …와 비교해서
changeable 형 변덕스러운
distinct 형 뚜렷한

* Here in Korea, we have four distinct seasons:
히어ㄹ 인 코리아, 위 해ㅂ 풔ㄹ- 디스팅ㅌ 씨즌ㅅ,
spring, summer, fall, and winter.
스프링, 써머ㄹ, 풜, 앤 윈더ㄹ.
한국에는 봄, 여름, 가을, 겨울의 뚜렷한 사계절이 있습니다.

* The climate in spring and fall is mild and
더 클라이밋 인 스프링 앤 풜 이ㅈ 마일ㄷ 앤
comfortable here.
컴풔ㄹ터블 히어ㄹ.
이곳은 봄, 가을의 기후가 온화하고 쾌적합니다.

* It's a nice day today. 오늘은 날씨가 좋군요.
이ㅊ 어 나이스 데이 투데이.

* What a beautiful day today! 오늘은 날씨가 정말 좋군요.
왓 어 뷰디풀 데이 투데이!
= What a great day!
왓 어 그뤠잇 데이!

* It went on raining. 비가 계속 내렸습니다.
잇 웬ㅌ 언 뤠이닝.
= It rained continuously.
잇 뤠인ㄷ 컨티뉴어슬리.

* It's sprinkling. 부슬부슬 비가 내리고 있습니다.
잇ㅊ 스프링클링.

단어 숙어

mild 형 온화한
comfortable 형 안락한, 기분 좋은
certainly 부 확실히
continuously 부 계속해서

* It rained hard. 비가 퍼부었다.
잇 뤠인ㄷ 하ㄹㄷ.

= It poured.
잇 푸어ㄹㄷ.

= It rained cats and dogs.
잇 뤠인ㄷ 캣ㅊ 앤 덕ㅅ.

* It rains on and off. 비가 내렸다 그쳤다 하고 있어요.
잇 뤠인ㅅ 언 앤 어ㅍ.

* It cleared up. 날씨가 개었습니다.
잇 클리어ㄹ텁.

* It is snowing heavily. 눈이 펑펑 내립니다.
잇 이ㅈ 스노잉 헤뷜리.

* It's warm today. 오늘은 따뜻하네요.
잇ㅊ 워ㄹ엄 투데이.

* It's going to be fine. 날씨가 맑아오는군요.
잇ㅊ 고우잉 투 비 퐈인.

* It seems cloudy today. 오늘은 날씨가 흐릴 것 같군요.
잇 씸ㅅ 클라우디 투데이.

* It's likely to snow. 눈이 올 것 같아요.
잇ㅊ 라잌리 투 스노우.

* It looks like rain. 비가 올 것 같아요.
잇 룩ㅅ 라잌 뤠인.

단어 숙어

sprinkling 명 부슬부슬 내림
be caught in 붙잡혀 꼼짝 못하다
hard 형 사나운, 거친
poured 동 (pour의 과거형) 퍼붓다
rain cats and dogs 비가 억수같이 퍼붓다
on and off 때때로

* It's very hot and humid today.
잇ㅊ 붸뤼 핫 앤 휴밋 투데이.
오늘은 덥고 눅눅한 날입니다.

* It's windy today.
잇ㅊ 윈디 투데이.
오늘은 바람이 세네요.

* It is mild today.
잇 이ㅈ 마일ㄷ 투데이.
오늘 날씨가 맑습니다.

* It's sunny today.
잇ㅊ 써니 투데이.
오늘은 날씨가 화창합니다.

* It's cloudy.
잇ㅊ 클라우디.
흐립니다.

* It's hot.
잇ㅊ 핫.
덥습니다.

* It's getting hotter.
잇ㅊ 게딩 하더ㄹ.
날씨가 점점 더워진다.

* It's cool.
잇ㅊ 쿨.
시원합니다.

* It's cold.
잇ㅊ 콜ㄷ.
춥습니다.

* It is hot today.
잇 이ㅈ 핫 투데이.
오늘 무척 더워.

단어 숙어

heavily 부 심하게, 대량으로
cloudy 형 흐린, 구름이 낀
hot 형 더운
humid 형 눅눅한, 습기 찬
windy 형 바람이 부는
sunny 형 화창한

* It is sticky. 후텁지근해.
잇 이ㅈ 스티키.
= it is sultry.
잇 이ㅈ 썰트뤼.

* It's humid. 습도가 높습니다.
잇ㅊ 휴밋.

* I felt cold today. 날씨가 추웠어요.
아이 풸ㅌ 콜ㄷ 투데이.

* It is freezing. 얼어붙을 정도로 춥네요.
잇 이ㅈ 프뤼징.

날짜

* the day before yesterday 그제
더 데이 비포ㄹ 예스터ㄹ데이

* yesterday 어제
예스터ㄹ데이

* today 오늘
투데이

* tomorrow 내일
터마뤄우

단어 숙어

cool 형 시원한
cold 형 추운, 차가운
sticky 형 끈적끈적한
sultry 형 후텁지근한
freezing 형 어는, 몹시 추운
felt 동 (feel의 과거형)~을 느끼다

* the day after tomorrow 모레
더 데이 애프터ㄹ 터마뤄우

* two days after tomorrow 글피
투 데이스 애프터ㄹ 터마뤄우

* the week before last week 지지난주
더 윅 비포ㄹ 라스ㅌ 윅

* last week 지난 주
라스ㅌ 윅

* this week 이번 주
디ㅅ 윅

* next week 다음 주
넥스ㅌ 윅

* the week after next week 다다음주
더 윅 애프터ㄹ 넥스ㅌ 윅

* last month 지난 달
라스ㅌ 먼ㅅ

* this month 이번 달
디ㅅ 먼ㅅ

* next month 다음 달
넥스ㅌ 먼ㅅ

날씨에 대한 여러 표현

* cool 쿨	선선한	* misty 미스티	안개 낀
* chilly 췰리	으스한	* muggy 머기	후텁지근한
* cold 콜ㄷ	추운	* overcast 오뷔ㄹ캐스ㅌ	흐린, 음침한
* clear 클리어ㄹ	맑은	* rainy 뤠이니	비가 오는
* cloudy 클라우디	흐린, 구름 낀	* snowy 스노위	눈이 내리는
* cloudless 클라우들리ㅅ	청명한	* stormy 스토ㄹ미	폭풍우가 부는
* damp 댐ㅍ	습기 찬	* sultry 설트뤼	찌는 듯 더운
* drizzly 드뤼즐리	가랑비 내리는	* sunny 써니	화창한, 맑게 갠
* foggy 풔기	안개 낀	= beautiful 뷰디풀 = fine 퐈인	
* freezing 프뤼징	어는, 몹시 추운	* warm 워ㄹ엄	따뜻한
* hazy 헤이지	흐린	* wet 웻	축축한, 비 내리는
* hot 핫	더운	* windy 윈디	바람 부는

Chapter 04

성격과 행동

★ 긍정적인 느낌을 주는 성격 · 행동

★ 규칙동사

★ 부정적인 느낌을 주는 성격 · 행동

★ 불규칙동사

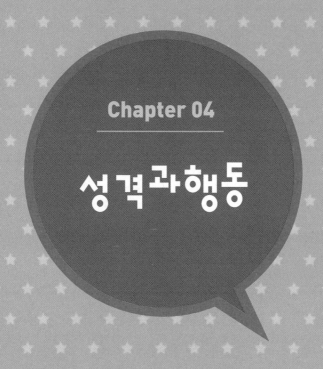

Dialogue

A : Have you met Mr. Robin? 로빈 씨 만나봤어요?
해뷰 멧 미스터ㄹ 롸빈?

B : Not yet. 아직요.
낫 옛.

Did you? 만나 보셨어요?
디쥬?

A : I met him accidentally yesterday.
아이 멧 힘 액시덴틀리 예스터데이.
어제 우연히 만났습니다.

B : How was he? 그 분 어떻던가요?
하우 워ㅈ 히?

A : He is an incredibly nice guy. 그는 무척이나 좋은 분이더군요.
히 이ㅈ 언 인크뤠더블리 나이ㅅ 가이.

I was so impressed. 정말 감격했어요.
아이 워ㅈ 쏘우 임프뤠스드.

B : Wow! Really? 와! 그래요?
와우! 뤼얼리?

★ Have you + 과거분사 = (전에) ~ 해 본 적 있으세요?

ex) Have you (ever) been here? (이제까지) 여기 와 본 적 있어요?
Have you seen the movie? 그 영화 본 적 있어요?

과거분사는 '수동태'와 '완료시제'를 만들 때 사용합니다. 동사는 현재형-과거형-과거완료형으로 되어 있습니다. 동사가 변화하는 모양이 일정하면 우리가 암기하기도 좋겠지만 규칙동사처럼 일정하게 변화하는 동사들이 있는가 하면 그 변화가 일정하지 않은 불규칙 동사들도 있습니다. 아주 중요하니 꼭 외워두세요.

긍정적인 느낌을 주는 성격·행동

* He is friendly. 그는 다정한 사람이다.
히 이ㅈ 프뤤들리.

★ friendly는 다정한, 친절한, 우정이 깊은, 우호적인 등의 뜻을 가지고 있습니다.

* He is understanding and a good listener.
히 이ㅈ 언더ㄹ스탠딩 앤더 굿 리쓰너ㄹ.
그는 이해심이 많고 다른 사람의 이야기를 잘 들어줍니다.

* He is a good example to others.
히 이ㅈ어 굿 이그젬플 투 어더ㄹㅅ.
그는 다른 사람에게 모범이 되는 사람입니다.

* He seemed so friendly like. 그는 매우 친절해 보였습니다.
히 씸ㄷ 쏘우 프뤤들리 라잌.

* That's very friendly of you. 정말 친절하시군요.
댓ㅊ 붸뤼 프뤤들리 어ㅂ 유.

= That's very kind of you.
댓ㅊ 붸뤼 카인ㄷ 어ㅂ 유.

* The boy is so smart. 참 영리한 아이야.
더 보이 이ㅈ 쏘우 스마ㄹㅌ.

단어 숙어

accidentally 부 우연히, 뜻하지 않게
yesterday 부 어제
incredibly 부 믿을 수 없을 만큼
guy 명 사람, 녀석
sincere 형 성실한, 참된
ambitious 형 패기 있는
listener 명 듣는 사람, 청취자
example 명 본보기
smart 형 현명한, 영리한
impress 동 …에게 깊은 인상을 주다, 감동시키다

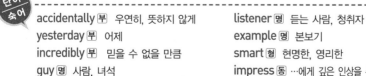

* He is sincere. 그는 성실해요.
히 이ㅈ 씬시어ㄹ.

* He is ambitous. 그는 야심이 있어요.
히 이ㅈ 엠비셔ㅅ.

* He has a great personality. 그는 성격이 정말 좋아요.
히 해저 그뤠잇 퍼ㄹ스넬러디.

* He has been around. 그는 세상 물정에 밝아요.
히 해ㅈ 빈 어롸운ㄷ.

* He is generous and very polite.
히 이ㅈ 제너뤄ㅅ 앤 붸뤼 폴라잇.
그는 관대하고 매우 예의 바른 사람입니다.

* He is very generous about children.
히 이ㅈ 붸뤼 제너뤄ㅅ 어바웃 췰드뤈.
그는 아이들에게 매우 관대하다.

= He is very generous with children
히 이ㅈ 붸뤼 제너뤄ㅅ 윗 췰드뤈.

* He is outgoing. 그는 사교적입니다.
히 이ㅈ 아웃고우잉.

= He is sociable.
히 이ㅈ 쏘셔블.

★ He is unsociable. 그는 비사교적입니다.
히 이ㅈ 언쏘셔블.

단어 숙어

sincere 형 성실한, 참된
ambitious 형 패기 있는
personailty 명 개성, 성격
around 부 주위에, 주변을
polite 형 공손한, 예의바른
outgoing 형 떠나가는, 사교성이 풍부한
sociable 형 사교적인, 붙임성 있는
diligent 형 근면한, 부지런한
generous 형 관대한
children 명 (child의 복수형)아이들

* He seems to get along with others.
히 씸ㅅ 투 겟 얼롱 윗 어더ㄹ스.
그는 사교성이 좋은 것 같더군요.

* He is very diligent and punctual.
히 이ㅈ 붸뤼 딜리전ㅌ 앤 펑츄얼.
그는 아주 부지런하고 시간을 잘 지킵니다.

* He is a favorite with the ladies.
히 이ㅈ어 풰이버륏 윗 더 레이디ㅅ.
그는 여자들에게 인기가 있습니다.

* He looks kind and gentle.
히 룩ㅅ 카인댄 젠틀.
그는 친절하고 자상하게 생겼어요.

* He is a real catch. 그는 킹카입니다.
히 이ㅈ어 뤼얼 캐취.

* He has a ready tongue. 그는 말을 잘합니다.
히 해저 뤠디 텅.

= He has a quick tongue.
히 해저 퀵 텅.

* He has a long head. 그는 머리가 좋습니다.
히 해저 롱 헷.

= He has a big head
히 해저 빅 헤ㄷ.

단어 숙어

favorite 형 마음에 드는, 인기있는
ladies 명 lady의 복수
kind 형 친절한, 상냥한
gentle 형 온화한, 친철한
punctual 형 시간을 잘 지키는, 착실한, 꼼꼼한
tongue 명 혀, 말, 발언
quick 형 빠른, 민첩한
head 명 머리
real 형 정말의, 진짜의

* He has a lot on the ball.
히 해저 랏 언 더 볼.
그는 수완이 좋습니다. (= 능력이 좋습니다.)

* What nerve he has! 그 사람 배짱이 두둑하군요!
왓 너ㄹㅂ 히 해ㅈ!

* He never mixes business with personal pleasure.
히 네뷔ㄹ 믹시ㅅ 비즈니ㅅ 윗 퍼ㄹ스널 플레줘ㄹ.
그는 공과 사를 분명히 하는 사람입니다.

* He is open-minded. 그는 편견이 없다.
히 이ㅈ 오픈 마인디ㄷ.

* He can see through a brick wall.
히 캔 씨 쓰루 어 브뤽 월.
그는 날카로운 통찰력이 있습니다.

* He is a man on his way up. 그는 전도유망해요.
히 이ㅈ어 맨 언 히ㅈ 웨이 업.

* He is ahead of his time. 그는 진보적인 사람입니다.
히 이ㅈ 어헤더ㅂ 히ㅅ 타임.

* He sure is a character. 그는 정말로 괴짜입니다.
히 슈어ㄹ이ㅈ 어 캐뤽터ㄹ.

* He is second to none in this area.
히 이ㅈ 쎄컨 투 넌 인 디ㅅ 에어뤼어.
그는 이 분야에서 누구에게도 뒤지지 않습니다.

단어 숙어

lot 명 제비뽑기, 운, 몫
nerve 명 신경, 용기, 배짱
mix 동 섞다, 혼합하다.
business 명 사무, 일, 사업
personal 명 개인의, 자신의
pleasure 명 즐거움, 만족, 기쁨
mind 명 마음, 의견, 생각
active 형 능동적인

규칙동사

❶ 원형 뒤에 'ed'를 붙인다.

talk 현재형 톡	talked 과거형 톡ㅌ	talked 과거분사형 톡ㅌ	– 말하다
open 오픈	opend 오픈ㄷ	opened 오픈ㄷ	– 열다
end 엔ㄷ	ended 엔ㄷ	ended 엔ㄷ	– 끝나다
want 원ㅌ	wanted 원티ㄷ	wanted 원티ㄷ	– 원하다

❷ 끝이 'e'로 끝나면 'e'를 빼고 'ed'를 붙인다.

love 현재형 러브	loved 과거형 러브ㄷ	loved 과거분사형 러브ㄷ	– 사랑하다
die 다이	died 다이ㄷ	died 다이ㄷ	– 죽다
change 췌인쥐	changed 췌인쥐ㄷ	changed 췌인쥐ㄷ	– 변하다
hope 홉	hoped 홉ㅌ	hoped 홉ㅌ	– 희망하다

❸ 단모음 뒤에 단자음일 때 자음을 더 쓰고 'ed'를 붙인다.

beg 현재형 베그	begged 과거형 베그ㄷ	begged 과거분사형 베그ㄷ	– 간청하다
stop 스탑	stopped 스탑ㅌ	stopped 스탑ㅌ	– 멈추다

❹ 자음 뒤에 'y'는 'y'를 'i'로 고치고 'ed'를 붙인다.

carry 현재형 캐뤼	carried 과거형 캐뤼ㄷ	carried 과거분사형 캐뤼ㄷ	– 나르다
study 스터디	studied 스터디ㄷ	studied 스터디ㄷ	– 공부하다
try 트라이	tried 트라이ㄷ	tried 트라이ㄷ	– 노력하다

* He is organized and meticulous.
히 이ㅈ 오ㄹ거나이즈ㄷ 앤 메티큘러ㅅ.
그는 차분하고 꼼꼼하다.

* I like him because he is always positive.
아이 라잌 힘 비커ㅈ 히 이ㅈ 올웨이즈 파지디ㅂ.
나는 그 사람이 항상 긍정적이어서 좋아요.

* He gets along with everyone.
히 겟ㅊ 얼롱 윗 에브뤼원.
그는 모든 사람과 잘 어울립니다.

* He is trusted by all his friends.
히 이ㅈ 트뤄스티ㄷ 바이 올 히ㅈ 프렌ㅈ.
그는 친구들에게 신망이 두텁습니다.

* He is so sweet. 그는 무척 상냥합니다.
히 이ㅈ 쏘우 스윗.

* He is loyal. 그는 의리가 있어요.
히 이ㅈ 로열.

* He is a good-natured person. 그는 착한 사람입니다.
히 이ㅈ어 굿-네이춰ㄹㄷ 퍼ㄹ슨.

* He is a home body. 그는 가정적입니다.
히 이ㅈ어 홈 바디.

* He is a knowing card. 그는 가정적입니다.
히 이ㅈ어 노잉 카ㄹ-드.

단어 숙어

organized 형 계획된, 차분한
meticulous 형 꼼꼼한
positive 형 긍정적인
everyone 형 누구든지, 각자 모두
along 부 …을 따라서
get along with …을 해나가다, (동료 등과) 사이좋게 지내다
sweet 형 감미로운, 고운, 귀여운
loyal 형 충성스러운, 정직한, 성실한
person 명 사람

* He is on the beam. 그는 정확한 사람입니다.
히 이ㅈ 언 더 빔.

* He is the man. 그는 멋진 사람이에요.
히 이ㅈ 더 맨.

* He is fun to be around. 그와 같이 있으면 정말 즐거워요.
히 이ㅈ 퓐 투 비 어롸운ㄷ.

★ 'fun to be around' 같이 있으면 재미있는
퓐 투 비 어롸운ㄷ

* He is a man of no mark. 그는 평범한 사람이에요.
히 이ㅈ어 맨 어ㅂ 노 마ㄹㅋ.

부정적인 느낌을 주는 성격·행

* He is selfish. 그는 이기적입니다.
히 이ㅈ 쎌퓌쉬.

* He is so boring. 그는 너무 고리타분해요.
히 이ㅈ 쏘우 보륑.

* He is old fashioned. 그는 구식이에요.
히 이ㅈ 올ㄷ 패션ㄷ.

* He is not good with words. 그는 말주변이 없습니다.
히 이ㅈ 낫 굿 윗 워ㄹㅈ.

* He can't take a hint. 그는 눈치가 없어요.
히 캔 테잌커 힌ㅌ.

단어 숙어

knowing 형 빈틈없는 명 암, 지식
beam 명 들보, 광선 동 빛나다, 빛을 발하다
mark 명 흔적, 기호, 표적, 점수
selfish 형 이기적인
boring 형 지루한, 따분한

* He is uncaring. 그는 남을 배려할 줄 몰라요.
히 이ㅈ 언캐륑.

* We call him a cheapskate. 우리는 그를 구두쇠라고 부르죠.
위 콜 힘 어 칩스케잇.

* He has a sharp tongue. 그는 독설가입니다.
히 해ㅈ 어 샤ㄹ압 텅.

* He is as stubborn as a mule. 그는 고집불통입니다.
히 이ㅈ 애ㅈ 스터버ㄹ언 애저 뮬.

* He is wishy washy.
히 이ㅈ 위쉬 워쉬.
그는 맺고 끊는 맛이 없어요. (= 그는 우유부단합니다.)

= He is indecisive.
히 이ㅈ 인디싸이시ㅂ.

= He is bland.
히 이ㅈ 블랜ㄷ.

* He is fickle. 그는 변덕이 심합니다.
히 이ㅈ 피클.

* He listens to other people too much.
히 리쓴ㅅ 투 어더ㄹ 피플 투- 머취.
그는 다른 사람 말을 너무 잘 믿어요. (= 그는 너무 귀가 얇아요.)

* He does things by the rule of thumb.
히 더ㅈ 씽ㅅ 바이 더 룰 어ㅂ 썸.
그는 매사에 일을 주먹구구식으로 합니다.

단어 숙어

cheapskate 명 구두쇠, 노랑이
sharp 형 날카로운
tongue 명 혀
stubborn 형 완고한, 완강한
mule 명 노새, 고집쟁이
wishy washy 형 김빠진, 시시한
indecisive 형 우유부단한, 미적지근한
bland 형 부드러운, 김빠진, 온화한
fickle 형 변하기 쉬운, 변덕스러운
thumb 명 엄지손가락

* He's got a one track mind. 그는 융통성이 없다.
히ㅈ 갓 어 원 트랙 마인ㄷ.

= He is not flexible.
히 이ㅈ 낫 플랙써블.

* He is conservative. 그는 보수적이다.
히 이ㅈ 컨써ㄹ뷔티ㅂ.

* He always gets his way. 그는 항상 제멋대로야.
히 올웨이ㅈ 겟ㅊ 히ㅅ 웨이.

* He has an attitude. 그는 건방져요.
히 해줜 애더튜ㄷ.

* He has a cool cheek. 그는 뻔뻔해요.
히 해저 쿨 췤.

* He is an ingrate. 그는 배은망덕한 사람입니다.
히 이ㅈ 언 인그뤠잇.

* He has a short fuse. 그는 다혈질입니다.
히 해저 쇼ㄹㅅㅌ 퓨ㅈ.

* He has tunnel vision. 그는 시야가 좁아요.
히 해ㅈ 터널 비젼.

* He has no shame. 그는 염치라고는 몰라요.
히 해ㅈ 노우 쉐임.

단어 숙어

flexible 형 구부리기 쉬운, 나긋나긋한
conservative 형 보수적인
attitude 명 태도, 도덕적인 태도
ingrate 형 배은망덕자, 은혜를 모르는 사람
fuse 명 도화선, 퓨즈
vision 명 시력, 시야, 상상력
shame 명 부끄러움, 치욕, 수치, 창피

* He is cold-hearted. 그는 참 냉정하다.
히 이ㅈ 콜ㄷ-하ㄹ티ㄷ.

= He is really cold.
히 이ㅈ 뤼얼리 콜ㄷ.

* He is so picky. 그는 너무 이것저것 따지는 스타일이야.
히 이ㅈ 쏘우 피키.

* He gets angry easily. 그는 화를 참 잘 내요.
히 겟ㅊ 앵그뤼 이즐리.

* He lies with a straight face.
히 라이ㅈ 위더 스트뤠잇 풰이ㅅ.
그는 눈도 깜박하지 않고 거짓말을 하는 사람이에요.

* He is a snob. 그는 속물이다.
히 이ㅈ어 스납.

* He is very annoying. 그 사람은 참 신경에 거슬리는 성격이에요.
히 이ㅈ 붸뤼 어노잉.

* He is hard to get along with.
히 이ㅈ 하ㄹㄷ 투 겟 얼롱 윗.
그는 어울리기 힘든 타입이에요.

* He is accident-prone. 그 아이는 사고덩어리예요.
히 이ㅈ 액시던ㅌ-프뤈.

* He is as sly as a rat (fox). 그는 무척 교활해요.
히 이ㅈ애ㅈ 슬라이 애ㅈ 어뢋 (퐉ㅅ).

단어 숙어

picky 형 성미 까다로운
easily 부 용이하게, 쉽게, 편안하게
straight 형 곧은, 얼굴이 진지한, 정색인
face 명 얼굴
snob 명 신사인 체 하는 속물, 상놈
annoying 동 (남을) 성가시게 굴다
accident-prone 형 많은 사고를 내기 쉬운
rat 명 쥐 동 비열한 짓을 하다

* He never pays attention.
히 네뷔ㄹ 페이ㅅ 어텐션.
그는 동문서답해요. (= 그는 사오정이에요.)

* He pays too much attention to what other people think.
히 페이ㅅ 투- 머취 어텐션 투 왓 어더ㄹ 피플 씽ㅋ.
그는 다른 사람들을 지나치게 의식합니다.

* He is a blabbermouth.
히 이ㅈ어 블래버ㄹ마우ㅅ.
그는 입이 가벼워요.

* He is so conceited.
히 이ㅈ 쏘우 컨씨디ㄷ.
그는 너무 자존심이 세요.

* He is an easy mark.
히 이ㅈ 언 이지 마ㄹㅋ.
그는 만만한 사람이에요.

* He puts off things a lot.
히 풋ㅊ 어ㅍ 씽ㅅ 얼랏.
그는 할 일들을 자주 미룬다.

* One of his weak points is that he never finishes anything.
원 어ㅂ 히ㅅ 윅 포인ㅊ 이ㅈ 댓 히 네뷔ㄹ 퓌니쉬ㅅ 에니씽.
그의 단점은 일을 끝마치는 법이 없다는 것이다.

* He is very insensitive.
히 이ㅈ 붸리 인쎈씨디ㅂ.
그는 참 무딘 사람이다.

* He is always one step behind.
히 이ㅈ 올웨이ㅈ 원 스텝 비하인ㄷ.
그는 항상 뒷북쳐요.

단어 숙어

---

attention 명 주의, 처리, 배려
pays attention …에 비위를 맞추다
blabbermouth 명 수다쟁이
conceited 형 자존심이 강한
easy mark 만만한 사람
weak 형 약한, 우유부단한, 불충분한
insensitive 형 무감각한, 둔감한

불규칙 동사

❶ 원형, 과거형, 과거분사가 같은 동사

현재형	과거형	과거분사형	뜻
cut 컷	cut 컷	cut 컷	– 자르다, 베다
beat 빗	beat 빗	beat 빗	– 때리다
put 풋	put 풋	put 풋	– 놓다
let 렛	let 렛	let 렛	– 허락하다
shut 셧	shut 셧	shut 셧	– 닫다
read 뤠ㄷ	read 뤠ㄷ	read 뤠ㄷ	– 읽다

❷ 과거형, 과거분사가 같은 동사

현재형	과거형	과거분사형	뜻
sell 셀	sold 솔ㄷ	sold 솔ㄷ	– 팔다
stand 스텐ㄷ	stood 스투ㄷ	stood 스투ㄷ	– 일어서다
understand 언더ㄹ스텐ㄷ	understood 언더ㄹ스투ㄷ	understood 언더ㄹ스투ㄷ	– 이해하다
keep 킵	kept 켑ㅌ	kept 켑ㅌ	– 유지하다
leave 리브	left 레ㅍㅌ	left 레ㅍㅌ	– 떠나다
bring 브링	brought 브뤗	brought 브뤗	– 가져오다, 데려오다
buy 바이	bought 벗	bought 벗	– 사다
think 씽크	thought 쏘웃	thought 쏘웃	– 생각하다
teach 티취	taught 텃	taught 텃	– 가르치다
catch 캐취	caught 컷	caught 컷	– 잡다

③ 원형, 과거형, 과거분사가 모두 다른 동사

choose 현재형 츄ㅅ	chose 과거형 초ㅈ	chosen 과거분사형 초즌	– 선택하다
steal 스틸	stole 스톨	stolen 스톨른	– 훔치다
drive 드롸이ㅂ	drove 드로우ㅂ	driven 드뤼븐	– 운전하다
ride 롸이드	rode 로우ㄷ	riden 뤼든	– 타다
write 롸잇	wrote 로우ㅌ	written 뤼든	– 쓰다
eat 잇	ate 에잇	eaten 이튼	– 먹다
see 씨	saw 써	seen 씬	– 보다
grow 그로우	grew 그루	grown 그로운	– 자라다
know 노우	knew 뉴	known 노운	– 알다
throw 쓰로우	threw 쓰루	thrown 쓰로운	– 던지다
fly 플라이	flew 플루	flown 플로운	– 날다
begin 비긴	began 비겐	begun 비건	– 시작하다

④ 원형과 과거분사가 같은 동사

come 현재형 컴	came 과거형 케임	come 과거분사형 컴	– 오다
become 비컴	became 비케임	become 비컴	– ~이 되다
run 뤈	ran 뤤	run 뤈	– 달리다

★ accidentally, by chance 우연히

ex) I met him accidentally yesterday. 어제 그를 우연히 만났습니다.
아이 멧 힘 액시던틀리 예스터ㄹ데이.

= I met him by accident yesterday. 그 영화 본 적 있어요?
아이 멧 힘 바이 액시던ㅌ 예스터ㄹ데이.

Chapter 05

감정

★ 기쁨 · 행복

★ 놀라움

★ 슬픔 · 우울

★ 분노 · 실망

★ 긴장 · 두려움

★ 불안 · 피곤

05 감정 feeling

Dialogue

A : You look depressed today. 오늘 기분이 안 좋아 보여요.
유 룩 디프뤠스ㄷ 투데이.

B : Can you see that? 그렇게 보여?
캔 유 씨 댓?

A : What's bothering you? 무슨 안 좋은 일 있어요?
왓ㅊ 바더륑 유?

B : Nothing. I just feel tired today.
낫씽. 아이 져스ㅌ 퓔 타이어ㄹㄷ 투데이.
별거 아니야. 그냥 피곤하네.

A : You should take a rest this weekend.
유 슛 테이커 뤠스ㅌ 디ㅅ 위켄ㄷ.
이번 주말에는 좀 푹 쉬셔야겠네요.

B : Yeah~ I really need a break. 그래. 나는 정말 휴식이 필요해.
예아 ~ 아이 뤼얼리 닛 어 브뤠익.

기쁨 · 행복

* I am happy. 기뻐요.
아이 앰 해피.

* I'm so happy now. 지금 아주 행복해요.
아임 쏘우 해피 나우.

단어 숙어

depressed 형 의기소침한, 낙담한
tired 형 피곤한
rest 명 휴식
bothering 동 (=bother) 걱정하게 하다
need 명 필요하다
break 명 휴식 (= rest)

* I'm happy to hear that. 그 얘기를 들으니 참 기쁘네요.
아임 해피 투 히어ㄹ 댓.

= I'm glad to hear that.
아임 글랫 투 히어ㄹ 댓.

* I felt very happy about it. 그 일로 기분이 너무 좋았어요.
아이 퀠ㅌ 붸뤼 해피 어바웃 잇.

* I'm in a good mood. 지금 기분이 좋아요.
아임 인 어 굿 무ㄷ.

★ I'm in a bad mood. (=I'm not in a mood.) 기분이 좋지 않습니다.
아임 인 어 뱃 무ㄷ. (= 아임 낫 인 어 무ㄷ.)

* I'm so happy for you. 당신이 기뻐하니 저도 기쁩니다.
아임 쏘우 해피 포ㄹ- 유.

* I was excited. 흥분되었어요.
아이 워ㅈ 익싸이티ㄷ.

* It was exciting. 무척 흥미로웠어요.
잇 워ㅈ 익싸이팅.

★ excite (타동사) '흥분시키다.'라는 뜻입니다. exciting 흥분되는 : 주로 상황을 나타낼 때 쓰입니다. excited 흥분되다 : 어떤 것으로 인하여 흥분이 되니까 피동체에 쓰입니다. 즉, 흥분을 받는 사람이나 동물 등에 쓰이지요. 이러한 동사들로 embarrass(부끄럽다, 당황하다), surprise(놀라다), interest(관심을 갖게 하다) 등이 있습니다.

ex) That was interesting. = I was interested. 그거 재미있었어.
댓 워ㅈ 인터뤠스팅. 아이 워ㅈ 인터뤠스티ㄷ.

It was surprising! = I was surprised! 너무 놀라웠어요!
잇 워즈 써프라이징! 아이 워즈 써프롸이즈ㄷ!

I was so embarrassed. = It was so embarrassing. = 정말 창피했어요.
아이 워ㅈ 쏘우 임배뤄스ㄷ. 잇 워ㅈ 쏘우 임배뤄씽.

* What a relief! 정말 안심이다!
왓 어 륄리ㅍ!

* I'm relieved to hear it. 그 말을 들으니 맘이 놓여요.
아임 륄리브ㄷ 투 히어ㄹ 잇.

* I'm so happy to see you. 너를 만나게 되어서 너무 기뻐.
아임 쏘우 해피 투 씨 유.

* I feel as if I'm in heaven. 꼭 천국에 있는 기분이에요.
아이 퓔 애ㅈ이ㅍ아임 인 헤븐.

★ as if ~ : 마치 ~인 것 같은, 마치 ~처럼

ex) He talks as if he [had] [been] there. 그는 마치 거기에 가 본 것처럼 말해.
히 톡ㅅ 애ㅈ이ㅍ히 해ㄷ 빈 데어ㄹ.

그는 사실 거기에 가 보지 않았습니다. 그러나 마치 가 본 것처럼 말합니다.

She looks as if she [were] a teacher. 그녀는 마치 선생님처럼 보입니다.
쉬 룩스 애즈 이프 쉬 워ㄹ 어 티춰ㄹ.

사실 그녀는 선생님이 아니죠. 그런데 선생님처럼 보인다.라는 의미입니다.

* I can't tell you how pleased I am.
아이 캔 텔 유 하우 플리즈ㄷ 아이 앰.
얼마나 기쁜지 말로 표현이 안 될 정도예요.

* I was so happy that I was speechless.
아이 워ㅈ 쏘우 해피 댓 아이 워ㅈ 스피취리ㅅ.
너무 기뻐서 말이 안 나올 정도였답니다.

단어 숙어

embarrass 동 부끄럽게 하다
relief 명 안심, 구원
relieve 동 경감하다, 안도케 하다
feel 명 감촉, 느낌 동 …한 느낌이 들다
heaven 명 천국, 하늘
speechless 형 말 못하는, 잠자코 있는

* Bravo! 와!
브라보!

* Well-done. 잘했어.
웰-던.

* Hurray! 좋았어! 그거야!
허뤠이!

★ 위 세 가지 모두 기쁨 또는 상대방을 기분 좋게 칭찬할 때 쓰이는 감탄사입니다.

* You look very excited. 무척 흥분되어 보이네요.
유 룩 붸뤼 익싸이티ㄷ.

* What makes you so happy? 무슨 좋은 일 있으세요?
왓 메익ㅅ 유 쏘우 해피?

* Why are you so happy? 뭐가 그렇게 좋으세요?
와이 아ㄹ- 유 쏘우 해피?

* What are you so excited about? 뭐가 그렇게 신이 났어요?
왓 아ㄹ- 유 쏘우 익싸이티ㄷ 어바웃?

* It's written all over your face. 얼굴에 다 쓰여 있어요.
잇ㅊ 뤼튼 올 오우버ㄹ 유어- 풰이ㅅ.

★ 얼굴이 직접 쓴 것이 아니라 얼굴에 '씌어 있다'는 표현입니다. 즉, 수동태의 문장입니다. 수동태 : be written(과거분사) be 동사 위에 과거분사 형태의 동사를 붙이면 수동태가 됩니다. 즉, '쓰다'가 '쓰이다'로 바뀝니다.

ex) This story will be forgotten in a few years.
디ㅅ 스토뤼 윌 비 풔ㄹ가튼 인 어 퓨 이어ㄹㅈ.
그 이야기는 몇 년 후면 잊힐 것이다.

그 이야기는 스스로 잊어버리는 것이 아니라 사람들이 잊어버리는 것이므로 그 이야기는 잊히는 것이지요? 따라서 이 문장도 주어가 '이야기'인 수동태의 문장입니다.

놀라움

* Oh dear. 오! 세상에.
오우! 디어ㄹ.

★ 주로 여성들이 많이 쓰는 표현으로 놀라서 당황하거나 슬플 때, 동정할 때 쓰입니다.

* Good heavens! 이런 세상에나!
굿! 헤븐ㅅ!

★ 많이 놀라서 당황했을 때 쓰입니다.

* Gosh! 이런!
거쉬!

* What a surprise! 놀랍네요!
왓 어 써프롸이ㅈ!

* Oh~ my goodness! 이런 세상에!
오우~ 마이 굿니ㅅ!

* It is so unpredictable 이거 참 뜻밖인 걸.
잇 이ㅈ쏘우 언프뤼딕터블.

* That's news to me. 처음 듣는 걸.
댓ㅊ 뉴ㅅ 투 미.

* That's terrific! 굉장하다!
댓ㅊ 터뤼픽!

단어 숙어

mood 명 기분, 감정
relief 명 (고통, 걱정의)제거, 경감
heaven 명 천국
speechless 형 말문이 막힌

★ terrific 굉장한 : 사람이나 사물, 날씨 등에 다양하게 쓰입니다. 정반대의 표현이지만 발음이 비슷한 단어로 terrible(테러블) : '끔직한, 혹독한'이 있습니다. 헷갈릴 수 있으니 기억해 두세요.

ex) Wow~ You look terrific today! 와~ 너 정말 오늘 정말 환상적이다!
와우~ 유 룩 터뤼퓍 투데이!

It was a terrific party! 정말 멋진 파티였어요!
잇 워ㅈ 어 터뤼퓍 파ㄹ디!

She is a terrific mother. 그녀는 참 훌륭한 엄마예요.
쉬 이ㅈ 어 터뤼퓍 머더ㄹ.

* How exciting! 정말 재미있다!
하우 익싸이딩!

* What a pleasant surprise! 이거 참 놀라워요!
왓 어 플레즌ㅌ 서프롸이ㅈ!

★ pleasant surprise : 반갑다는 의미의 놀라움입니다.

* It's amazing. 정말 굉장하군.
잇ㅊ 어메이징.

* That's incredible! 믿을 수 없는 걸요!
댓ㅊ 인크뤠더블!

= I can't believe that.
아이 캔 빌리ㅂ 댓.

= I don't believe that.
아이 돈 빌리ㅂ 댓.

* Are you serious? 정말이야?
아ㄹ- 유 씨뤼어ㅅ?

단어 숙어

terrific 형 무서운, 굉장한
exciting 형 흥분시키는, 신나게 재미있는
amazing 형 놀랄만한, 굉장한
incredible 형 믿기 어려운, 믿겨지지 않는
believe 동 믿다
serious 형 진심의, 진지한

* I think that's impossible. 말도 안 되는 걸.
아이 씽ㅋ 댓ㅊ 임파써블.

* You must kidding (me). 농담하는 거지?
유 머스ㅌ 키딩 (미).

= Are you kidding (me)?
아ㄹ- 유 키딩 (미)?

* I was shocked when I heard the news.
아이 워ㅈ 쇽ㅌ 웬 아이 허ㄹㄷ 더 뉴ㅅ.
그 소식을 듣고 저는 충격을 받았습니다.

= I was shocked by the news.
아이 워ㅈ 쇽ㅌ 바이 더 뉴ㅅ.

= The news beat me.
더 뉴ㅈ 빗 미.

★ beat은 '때리다'는 뜻으로, 직역하면 '나를 때린다', '나에게는 충격이다.' 라는 뜻으로 '처음 듣는 얘기다' 의미입니다.

* What a shock! 충격적이네요!
왓 어 쇽ㅋ!

* I don't know what to say.
아이 돈 노우 왓 투 쎄이.
뭐라 말을 해야 할지 모르겠습니다.

* I didn't expect that! 예상 못했었는데.
아이 디든 익스펙ㅌ 댓!

단어 숙어

impossible 형 불가능한, 있을 수 없는
kidding 동 놀리다, 조롱하다
shock 명 충격, 쇼크 동 충격을 주다
beat 동 치다, 때리다
expect 동 기대하다, 예상하다

슬픔·우울

* I'm feeling blue. 우울해.
아임 퓔링 블루.

* I'm bummed out. 기운이 없어.
아임 범다웃.

* I was depressed because I felt lonely.
아이 워ㅈ 디프뤠스ㄷ 비커ㅈ 아이 풸ㅌ 론리.
외로워서 우울했어.

* I got the blues. 우울합니다.
아이 갓 더 블루ㅅ.

* I'm feeling rather sad. 슬픕니다.
아임 퓔링 뤠더ㄹ 쌔ㄷ.

* The movie made me depressed.
더 무뷔 메이ㄷ 미 디프뤠스ㄷ.
영화 때문에 기분이 우울해졌어요.

* Bad weather depresses me.
배ㄷ 웨더ㄹ 디프뤠씨ㅈ 미.
나쁜 날씨가 나를 우울하게 만드네요.

* I just broke up with my boy friend
아이 져스ㅌ 브뤄우컵 윗 마이 보이프뤤ㄷ
and I feel depressed. 남자친구와 헤어져서 속상해요.
앤 아이 퓔 디프뤠스ㄷ.

단어·숙어

- blue 형 우울한
- miserable 형 비참한
- be bummed out 실망하다, 기운이 없다
- lonely 형 외로운
- be depressed 낙담하다, 우울해지다 (depress가 be동사와 함께 쓰여 수동태가 되었습니다.)

* What's eating you?
왓ㅊ 이딩 유?

왜 그래? (= 무슨 일로 그렇게 괴로운 거야?)

= What's wrong with you? 무슨 문제가 있는 거니?
왓ㅊ 뤙 윗 유?

★ 직역하면 '무엇이 너를 먹고 있는 거야?' 여기서 'eat'은 '먹다'라는 뜻이 일반적이지만 속어로 '괴롭히다' 라는 뜻이 있습니다. '무엇이 너를 괴롭히니?'

* Why so blue? 왜 그렇게 우울해요?
와이 쏘우 블루?

* I feel gloomy today. 오늘은 기분이 우울해.
아이 퓔 글루미 투데이.

* Most women feel blue in the autumn.
모스ㅌ 위민 퓔 블루 인 디 어텀.

여자들은 대부분 가을이면 우울해진다.

* You look down today. 오늘 기분이 안 좋아 보이네.
유 룩 다운 투데이.

* I lost my mind because of sorrow.
아이 로스ㅌ 마이 마인ㄷ 비커ㅈ 어ㅂ 써로우.

나는 너무 슬퍼서 정신을 잃었습니다.

* He surrendered himself to grief.
히 써뤤더ㄹㄷ 힘쎌ㅍ 투 그뤼ㅍ.

그는 슬픔에 빠져 있었습니다.

단어 숙어

blues 명 우울증, 우울한 기분
sad 형 슬픈
depress 동 우울하게 하다
broke up with~ (break up with의 과거형)~와 헤어지다
wrong 형 잘못된
gloomy 형 우울한, 울적한, 침울한
lost one's mind 정신을 잃다

* I think you need someone who can console your grief. 나는 네 슬픔을 위로해 줄 누군가가 필요하다고 생각해.
아이 씽ㅋ 유 니ㅈ 썸원 후 캔 컨솔 유어ㄹ- 그뤼ㅍ.

* Don't mess around with me. 나 좀 괴롭히지 말아줘.
돈 메ㅆ 어롸운ㄷ 윋 미.

* I'm so sad. 너무 슬퍼.
아임 쏘우 쌔ㄷ.

* Time heals all sorrows. 모든 슬픔은 시간이 치유할 수 있어요.
타임 힐ㅅ 올 서뤄우ㅅ.

* My family shares my joys and sorrows.
마이 퐤믈리 셰어ㄹㅅ 마이 죠이ㅅ 앤 서뤄우ㅅ.
우리 가족은 나와 기쁨과 슬픔을 함께 하는 존재입니다.

* I don't feel like doing anything today.
아이 돈 퓔 라잌 두잉 에니씽 투데이.
오늘은 아무것도 하고 싶지 않아요.

* I feel hopeless. 절망적이야.
아이 퓔 홉리ㅅ.

* You look green. 슬퍼 보여요.(창백해요.)
유 룩 그륀.

단어 숙어

console 동 위로하다 명 콘솔
grief 명 큰 슬픔, 비탄, 비통
mess 명 혼란 동 …에 간섭하다
sad 형 슬픈, 애처로운
heal 동 (상처, 아픔 등을)낫게 하다, 낫다
sorrows 명 슬픔, 비애, 후회, 아쉬움
share 동 함께 나누다, 함께 하다
hopeless 형 희망없는, 절망적인

* You look upset. 기분이 안 좋아 보여요.
유 룩 업셋.

* Let's go to see a movie for a change.
렛ㅊ 고우 투 씨 어 무뷔 포ㄹ-어 췌인쥐.
기분 전환할 겸 영화나 보자.

○○ 분노·실망

* I was angry with him. 나는 그에게 화가 났습니다.
아이 워ㅈ 앵그뤼 윗 힘.

* I was angry at him because of the lies.
아이 워ㅈ 앵그뤼 앳 힘 비커ㅈ 오ㅂ 더 라이ㅅ.
나는 그에게 화가 났었습니다.

* He made me pissed off. 그가 나를 열 받게 했어.
히 메이ㄷ 미 피스ㄷ 어ㅍ.

★ make + 목적어 + 과거분사 (사람을) …시키다, (…에게) 하도록 하다

ex) He made me ashamed of myself. 그는 내가 내 자신을 부끄럽도록 만들었다.
히 메이ㄷ 미 어쉐임ㄷ 어ㅂ 마이쎌ㅍ.
The situation made me frustrated. 상황이 나를 짜증나게 만들었다.
더 씨츄에이션 메이ㄷ 미 프뤄스트뤠이티ㄷ.

* In the end I flew into a rage. 나는 끝내 폭발하고 말았다.
인 디 엔ㄷ아이 플루 인투 어 뤠이쥐.

단어 숙어

be angry with ~ ~에게 화나다
angry at ~ ~에게 화나다
lie 명 거짓말
in the end 결국은
pissed off 화가 많이 나다, 열 받다
rage 명 격노
flew into a rage (fly into a rage의 과거형) 벌컥 화내다

* I trembled with rage.
아이 트뤰블ㄷ 윗 뤠이쥐.
너무 화가 나서 몸이 다 떨릴 지경이었어.

* He was inflamed with wrath.
히 워ㅈ 인플레임ㄷ 윗 뤠ㅅ.
그는 너무 화가 나서 흥분이 되었습니다.

* Why don't you go cool off?
와이 돈츄 고우 쿨 어ㅍ?
우선 화를 좀 식히시지 그러세요?

* That's awful! 너무했다!
댓ㅊ 오풀!

* What a shame! 창피해!
왓 어 셰임!

* That's extremely unpleasant for me. 정말 불쾌하군요.
댓ㅊ 익스트륌리 언플레즌ㅌ 포ㄹ- 미.

* I was so furious because of her.
아이 워ㅈ 쏘우 퓨뤼어ㅅ 비커ㅈ 어ㅂ 허ㄹ.
그 여자 때문에 정말 화가 났었어.

* Don't let me down! 나를 실망시키지 마!
돈 렛 미 다운!

단어 숙어

tremble 동 벌벌 떨다
inflamed 형 흥분한
wrath 명 격노, 분노
cool off 식다, 가라앉다
awful 형 무시무시한, 지독한
shame 형 부끄러운, 창피한
extremely 부 극도로, 극심하게
unpleasant 형 불쾌한
furious 형 노한, 격노한
let me down 나를 실망시키다
disappointing 형 실망스러운
give up 포기하다
in the middle ~의 중간에
let 동 ~하게 하다

* It was disappointing. 실망스러웠다.
잇 워ㅈ 디서포인팅.

= I was disappointed.
아이 워ㅈ 디서포인티ㄷ.

* Don't give up in the middle. 중간에 포기하면 안 돼.
돈 기ㅂ 업 인 더 미들.

* Don't give up hope. 희망을 버리지 마세요.
돈 기ㅂ 업 홉.

긴장 · 두려움

* I'm trembling. 떨려.
아임 트렘블링.

* I'm thrilled. 긴장돼요.
아임 드릴ㄷ.

* I'm excited. 너무 흥분이 되요.
아임 익싸이티ㄷ.

* What do you do for relaxation. 긴장을 어떻게 푸세요?
왓 두 유 두 포ㄹ- 륄렉세이션?

불안·피곤

* That's gross! 정말 끔찍하군!
댓ㅊ 그로스!

단어 숙어

disappoint 동 실망시키다, 어긋나게 하다
give up 포기하다
middle 형 한가운데의 명 중앙, 중도, 중간
trembling 명 떨림, 전율 형 떨리는
thrill 명 스릴, 전율 동 오싹하다
excited 형 흥분한
relaxation 명 이완, (긴장, 근육 등의) 풀림
gross 형 추잡한, 구역질나는

* I'm stressed out. 스트레스 받았어.
아임 스트뤠스ㄷ 아웃.

= I'm under stress.
아임 언더ㄹ 스트뤠ㅅ.

* I'm under a lot of stress at work.
아임 언더ㄹ 얼랏 어ㅂ 스트뤠ㅅ 앳 워ㄹㅋ.
회사에서 스트레스를 너무 많이 받아요.

= I'm under much stress at work.
아임 언더ㄹ 머취 스트뤠ㅅ 앳 워ㄹㅋ.

= I get a lot of stress from work
아이 겟 얼랏 어ㅂ 스트뤠ㅅ 프뤔 워ㄹㅋ.

★ a lot of : (수, 양이)많은 셀 수 있는 명사의 복수 앞이나 셀 수 없는 명사 앞에 사용합니다. 즉, many(수가)많은, much(양이)많은 = 두 가지의 뜻으로 사용할 수 있습니다. 위의 문장에서는 스트레스는 셀 수 없는 명사에 속하므로 much로 대신 사용할 수 있습니다.

* I need to relieve my stress. 스트레스를 풀어야 해.
아이 닛 투 륄리ㅂ 마이 스트뤠ㅅ.

* I'm miffed at you 나 삐졌어.
아임 미프ㄷ 앳 유.

* I have butterflies in my stomach. 너무 긴장되네요.
아이 해ㅂ 버더ㄹ플라이ㅅ 인 마이 스토먹.

★ '뱃속에 나비들을 가지고 있다.' 이 표현은 '안절부절못하다.' 라는 의미로, 긴장해서 가슴이 떨리고 두근두근할 때 쓰는 표현입니다. 뱃속에서 나비들이 날아다니면 얼마나 속이 괴로울지 상상이 가시죠.
비슷한 표현으로는

단어/숙어

stressed out 스트레스가 쌓인
be under stress 스트레스를 받다
relieve 동 (고통, 스트레스 등을) 경감하다, 덜다
miffed 형 화가 난, 삐친
butterfly 명 나비
stomach 명 위, 복부, 배

ex) I've got ants in my pants. 바지 속에 개미들이 있어.
아이브 갓 앤츠 인 마이 팬츠.

I'm on pins and needles. 내가 바늘 위에 있어.
아임 언 핀ㅅ 앤 니들ㅅ.

Calm down! 진정해!
캄 다운!

* I'm so frustrated. 너무 짜증이 나는 걸.
아임 쏘우 프뤄스트뤠이디ㄷ.

* I'm totally beat. 완전히 녹초가 됐어.
아임 토덜리 빗.

* He is grossing me out. 그 남자 때문에 짜증나 미치겠어.
히 이ㅈ 그뤄씽 미 아웃.

* Don't make me nervous. 나를 열 받게 하지 마.
돈 메잌 미 너ㄹ붜ㅅ.

* I need to relax. 좀 쉬고 싶어.
아이 닛 투 륄렉ㅅ.

다양한 감탄사들

화가 났을 때 : 'Jesus (Christ)!', '(God) Dam it!', '(Holy) shit!'
지저ㅅ(크롸이스ㅌ)!, (갓) 댐 잇!, (홀리) 쉿!

실수했을 때 : 'Oops!', 'shoot!'
웁스!, 슛!

★ 위의 표현들을 너무 자주 사용하는 것은 다른 사람에게 좋은 인상을 주지 못할 수 있으므로 자신이 직접 표현하는 것보다는 상대의 말을 정확히 이해하기 위해 표현들을 알아두는 것이 바람직하겠습니다.

단어 숙어

frustrated 형 짜증나는
nervous 형 신경질적인, 신경 과민의
relax 동 긴장을 풀다, 쉬다

Chapter 06

전화

- ★ 통화할 때
- ★ 전화를 받을 때
- ★ 메모를 남길 때
- ★ 잘못 걸었을 때
- ★ 연결 상태가 나쁠 때

06 전화 telephone

❶ Dialogue

A : Hello. 여보세요.
헬로우.

B : Hello. This is Ju-eun Choi. 여보세요. 저는 최주은입니다.
헬로우. 디ㅅ 이ㅈ 주은 최.

May I speak to Mr. Shields, please?
메이 아이 스픽 투 미스터ㄹ 쉴ㅈ, 플리ㅈ?
쉴즈 씨와 통화할 수 있습니까?

A : Hold on, please. 잠깐 기다리세요.
홀던, 플리ㅈ.

B : OK. Thank you. 알겠습니다. 감사합니다.
오케이. 땡큐.

통화할 때

* Hello. 여보세요.
헬로우.

* This is Young-ju. 저는 영주입니다.
디ㅅ 이ㅈ 영 – 주.

* It's Young-ju. 저는 영주입니다.
잇ㅊ 영 – 주.

단어 숙어

hold on 지속하다, 매달리다, (명령문에서) 끊지 않고 기다리다
= hold the line, please. = Please hold. = One second, please.
= Just a moment, please. 잠깐 기다리세요.

★ 전화상으로는 '나'라는 표현을 할 때는 'I am'을 사용하지 않고 'this is' 또는 'It is'를 사용합니다.

* May I speak(talk) to John, please?
메이 아이 스픽 (톡) 투 존, 플리ㅈ?
존과 통화 좀 할 수 있을까요?

* Can I speak (talk) to Min-hee?
캔 아이 스픽 (톡) 투 민희?
민희와 통화하고 싶은데요?

* May I speak to someone in charge of repair service?
메이 아이 스픽 투 썸원 인 촤ㄹ-쥐 오ㅂ 뤼페어ㄹ 써ㄹ뷔ㅅ?
수리부서에 계신 분과 통화하고 싶은데요?

* I'd like to talk to Joon, please.
아이들 라잌 투 톡 투 준, 플리ㅈ.
준이와 통화하고 싶습니다.

* Is Joon available, now?
이ㅈ 준 어붸일러블, 나우?
지금 준이 있습니까?

* Is Joon in?
이ㅈ 준 인?
준이 있습니까?

* Is this Mr. Smith?
이ㅈ 디ㅅ 미스터ㄹ- 스미ㅅ?
스미스 씨입니까?

단어 숙어

speak 동 말하다
repair 동 수리하다, 수선하다 명 수선, 수리
available 형 (시간이 비어)만날 수 있는
corporation 명 법인, 주식회사

* Is this JR Corporation? 거기가 JR 상사입니까?
이ㅈ 디ㅅ 제이아ㄹ 코ㄹ퍼ㄹ뤠이션?

★ 통화할 때에는 '거기' 라는 표현은 'there'가 아니라 'this'라는 단어를 사용합니다.

* Can I talk to someone in the Sales Department?
캔 아이 톡 투 썸원 인 더 쎄일ㅈ 디파ㄹ-트먼ㅌ?
판매부에 계신 분과 통화할 수 있을까요?

* Is this the Post Office? 거기 우체국이죠?
이ㅈ 디ㅅ 더 포스ㅌ 어퓌ㅅ?

* Would you please connect me to extension 101?
우쥬 플리ㅈ 커넥ㅌ 미 투 익스텐션 지로원지로?
구내 번호 101번 좀 연결해 주시겠습니까?

* I'll call again. 다시 전화하겠습니다.
알 콜 어겐.

* I'll give you another call in a few days.
알 기ㅂ 유 어나더ㄹ 콜 인 어 퓨 데이ㅅ.
며칠 후에 다시 전화드리겠습니다.

★ a few와 few는 셀 수 있는 명사에 쓰이는 수량 형용사입니다.

a few 몇몇의, 약간의 few 거의 없는

ex) I have few books. 나는 책이 거의 없다.
아이 해ㅂ 퓨 북ㅅ.

There are a few dishes. 접시가 몇 개 있습니다.
데어ㄹ 아ㄹ-어 퓨 디쉬ㅈ.

* When will he be back? 그는 언제 돌아오나요?
웬 윌 히 비 백?

단어 숙어

corporation 명 법인, 주식회사
sales department (회사의) 판매부
post office 명 우체국
extension 명 내선, 구내전화

* Do you know when he will be back?
두 유 노우 웬 히 윌 비 백?
그가 언제쯤 들어올지 아세요?

* When can I get in touch with him?
웬 캔 아이 겟 인 터취 윗 힘?
언제쯤 다시 전화하면 그가 있을까요?

* I'm glad I finally ahold of you.
아임 글랫ㄷ 아이 퐈이널리 어홀더 오ㅂ 유.
드디어 통화할 수 있게 되어서 다행이에요.

* Did you get my message? 내 메시지 받았어요?
디쥬 겟 마이 메씨쥐?

* May I talk to you now? 지금 통화 괜찮으세요?
메이 아이 톡 투 유 나우?

* Sorry to bother you when you're at work.
쏘뤼 투 바더ㄹ 유 웬 유어ㄹ 앳 웕.
지금 일하는 중이신데 전화드려 죄송해요.

전화를 받을 때

* JM Corporation. May I help you?
제이엠 코ㄹ-퍼뤠이션. 메이 아이 헬퓨?
JM사입니다. 무엇을 도와드릴까요?

* Could you speak more slowly?
쿠쥬 스픽 모어ㄹ- 슬로울리?
좀 천천히 말씀해 주시겠습니까?

단어 숙어

finally 부 결국, 드디어
ahold 명 잡음, 파악
message 명 메시지, 메모
bother 동 귀찮게 하다
in charge of~ ~을 담당하고 있는, 떠맡고 있는

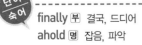

* Could you speak more loudly?
쿠쥬 스픽 모어ㄹ 라웃리?
조금 더 크게 말씀해주시겠습니까?

* Speaking. 전데요.
스피킹.

★ This is she speaking. = That is me.
디ㅅ 이ㅈ 쉬 스피킹. 댓 이ㅈ 미.
'전데요.' 다 생략하고 'Speaking.'으로 간단하게 답할 수도 있습니다.

* May I ask who's calling? 누구신지요?
메이 아이 애스ㅋ 후ㅅ 콜링?

* May I have your name, please? 성함을 여쭤 봐도 될지요?
메이 아이 해ㅂ 유어ㄹ- 네임, 플리ㅈ?

* I'll get someone who can speak English well.
알 겟 썸원 후 캔 스픽 잉글리쉬 웰.
영어를 잘하는 사람을 바꿔 드리겠습니다.

* What did you call for? 무슨 일 때문에 전화하셨어요?
왓 디쥬 콜 포ㄹ-?

* Would you wait one second? 잠깐 기다리시겠습니까?
우쥬 웨잇 원 세컨?

* Hold on, please. 잠깐 기다리세요.
홀던, 플리ㅈ.

* I'll transfer you. 교환해 드리겠습니다.
알 트뤤스풔ㄹ- 유.

단어 숙어

- more 부 더, 더 많이, 더 이상의
- loudly 부 크게
- calling 명 부름, 외침, 방문
- hold on 계속하다, 지속하다, (보통 명령법으로)끊지 않고 기다리다
- transfer 동 옮기다, 전달하다

* Please don't hang up. 끊지 말고 기다리세요.
플리ㅈ 돈 행 업.

* I'll put you through. 연결해 드리겠습니다.
알 풋 유 쓰루.

* I'll connect you to him. 연결해 드리겠습니다.
알 커넥ㅌ 유 투 힘.

* Could you call back again in five minutes?
큐쥬 콜 백 어겐 인 퐈이ㅂ 미닛ㅊ?
5분 후에 전화하실래요?

★ 지금 전화받을 수 없을 때 잠시 뒤에 다시 전화해 달라는 의미입니다.

* Would you call me again in ten minutes?
우쥬 콜 미 어겐 인 텐 미닛?
10분 뒤에 다시 전화 주실래요?

* I'll call you right back. 바로 전화드리겠습니다.
알 콜 유 롸잇 백.

* Your voice sounds a little weak. 감이 멀리 들립니다.
유어ㄹ- 보이ㅅ 싸운ㅈ 어 리들 윅.

* There's a lot of noise on the line. 잡음이 심합니다.
데어ㄹㅈ 얼랏 어ㅂ 노이ㅈ 언 더 라인.

* Please hang up. 전화 끊어주세요.
플리ㅈ 행 업.

단어 숙어

hang up 전화를 끊다
put~ through 연결하다
connect 동 연결하다
minute 명 분
weak 형 약한
noise 명 소음, 잡음

* Sorry. The line is busy. Would you care to hold?
쏘뤼. 더 라인 이ㅈ 비지. 우쥬 케어ㄹ- 투 홀ㄷ?
죄송합니다만, 통화중입니다. 기다리시겠습니까?

* I'm sorry but he's not here now.
아임 쏘뤼 벗 히ㅈ 낫 히어ㄹ- 나우.
죄송합니다만, 그는 지금 안 계십니다.

* He's at the meeting. 지금 회의중이십니다.
히ㅈ 앳 더 미딩.

* He's on the other line. 지금 통화중이십니다.
히ㅈ 언 디 어더ㄹ- 라인.

* He's just stepped out. 방금 나가셨습니다.
히ㅈ 저스ㅌ 스텝ㄷ 아웃.

* May I take a message? 메모 남겨드릴까요?
메이 아이 테이커 메씨쥐?

= Would you like to leave a message?
우쥬 라잌 투 리뷔 메씨쥐?

= Are there any messages?
아ㄹ- 데어ㄹ 에니 메씨쥐ㅅ?

* I'll tell him that you called. 전화왔었다고 전하겠습니다.
알 텔 힘 댓 유 콜ㄷ.

* I'll give him your message. 메모 전해드리겠습니다.
알 기ㅂ 힘 유어ㄹ- 메씨쥐.

단어 숙어

step 동 (걸음을)옮기다, 가다 명 걸음
message 명 메모
call 동 전화하다, 부르다

* Does he know your number?
더ㅈ 히 노우 유어ㄹ- 넘버ㄹ-?
그가 당신의 번호를 알고 계십니까?

* Please leave your number just in case.
플리ㅈ 리ㅂ 유어ㄹ- 넘버ㄹ 저스트 인 케이ㅅ.
혹시 모르니까 번호를 남겨주세요.

★ just in case 만약을 위해서

* Please leave your message after hear the beep sound.
플리ㅈ 리ㅂ 유어ㄹ- 메씨쥐 애프터 히어ㄹ 더 빕 싸운ㄷ.
삐 소리가 난 후 메시지를 남겨주세요.

메모를 남길 때

* May I leave a message?
메이 아이 리ㅂ 어 메씨쥐?
메모를 남겨도 되겠습니까?

* Could you tell him I'll call back tomorrow morning?
쿠쥬 텔 힘 알 콜 백 터마뤄우 모ㄹ닝?
내일 아침에 다시 전화하겠다고 전해주시겠어요?

* Please tell him I'll get back to him in an hour.
플리ㅈ 텔 힘 알 겟 백 투 힘 인 언 아워ㄹ.
그에게 내가 한 시간 뒤에 다시 전화하겠다고 전해주세요.

★ in : 전치사이며, 주로 '~안에'라는 뜻으로 쓰입니다. 위 문장에서는 시간을 표현하는 단어인 'hour(시간)' 앞에 쓰여 '~지나면, ~후에'라는 뜻으로 쓰이며, 주로 미래 문장에 쓰입니다.

ex) It will be finished in an hour. 한 시간 후면 끝납니다.
잇 윌 비 퓌니쉬ㄷ 인 언 아워ㄹ.

* Would you tell him I'll phone back?
우쥬 텔 힘 알 폰 백?
그에게 내가 다시 전화한다고 전해주시겠어요?

* Please tell him to call me back.
플리ㅈ 텔 힘 투 콜 미 백.
그에게 저한테 전화 좀 해 달라고 전해주세요.

* That's OK, I'll call you back.
댓ㅊ 오케이, 알 콜 유 백.
괜찮습니다. 나중에 전화드리죠.

* He knows my number. 그가 제 번호를 압니다.
히 노우ㅅ 마이 넘버ㄹ-.

* There were some calls for you.
데어ㄹ 워ㄹ 썸 콜ㅅ 포ㄹ- 유.
전화가 몇 통 왔었습니다.

* He said he will call again. 다시 전화하시겠답니다.
히 쎄ㄷ 히 윌 콜 어겐.

* Here are the numbers. 여기 전화번호들입니다.
히어ㄹ 아ㄹ- 더 넘버ㄹㅅ.

* He said it is urgent. 그가 급한 용무라고 하더군요.
히 쎄ㄷ 잇이ㅈ 어너ㄹ전ㅌ.

단어 숙어

him 대 (he의 목적격)그를(에게)
phone 명 전화, 전화기
said 동 (say의 과거 · 과거분사)말하다
again 부 다시, 또
number 명 수, 숫자, 수사, 번호
urgent 형 긴급한, 다급한

잘못 걸었을 때

* Sorry, wrong number. 미안하지만 잘못 거셨습니다.
쏘뤼, 륑 넘버ㄹ.

* You've got the wrong number. 전화를 잘못 거셨습니다.
유ㅂ 갓 더 륑 넘버ㄹ-.

* Where are you calling to? 어디에 전화하신 겁니까?
웨어ㄹ 아ㄹ- 유 콜링 투?

* I'm afraid you have the wrong number. 잘못 거신 것 같군요.
아임 어프뤠이ㄷ 유 해ㅂ 더 륑 넘버ㄹ-.

* What number did you call? 몇 번으로 전화를 거셨습니까?
왓 넘버ㄹ- 디쥬 콜?

* I'm sorry, we don't have a John here. 미안합니다만, 여긴 존이라는 사람이 없습니다.
아임 쏘뤼, 위 돈 해붜 존 히어ㄹ.

* No, it isn't. 아닌데요.
노우, 잇 이즌ㅌ.

* The number's correct. 전화 번호는 맞습니다.
더 넘버ㅅ 커뤡ㅌ.

단어 숙어

wrong 형 나쁜, 틀린, 고장난
wrong number 잘못 걸린 전화
afraid 형 겁내다, 두려워하다, 무서워하다

= You've got the right number.
유ㅂ 갓 더 롸잇 넘버ㄹ-.

* Is it 123 4567? 번호가 123-4567 아닌가요?
이ㅈ 잇 원투쓰뤼 포ㄹ파이브씩스쎄븐?

* You dialed correctly, but you must have the wrong number. 번호는 맞는데 전화번호를 잘못 아셨군요.
유 다이얼ㄷ 커렉틀리 벗 유 머스ㅌ 해ㅂ 더 뤙 넘버ㄹ-.

○ 연결 상태가 나쁠

* The connection is bad. 연결 상태가 안 좋습니다.
더 커넥션 이ㅈ 배ㄷ.

* I think we have a very bad connection. 연결 상태가 좋지 않은 것 같은데요.
아이 씽ㅋ 위 해붜 붸뤼 배ㄷ 커넥션.

* The lines are crossed. 전화가 혼선되었습니다.
더 라인ㅅ 아ㄹ- 크로스ㄷ.

* The line keeps going dead. 전화가 계속 끊어집니다.
더 라인 킵ㅅ 고우잉 데ㄷ.

= The line is disconnected.
더 라인 이ㅈ 디스커넥티ㄷ.

단어 숙어

correct 형 정확한, 옳은
connection 명 연결, 접속, 관계
crossed 형 교차한, 방해된
dead 형 죽은, 일시 정지의
disconnected 형 연락(접속)이 끊긴

Chapter 07

식사

★ 예약
★ 식당을 찾을 때
★ 자리 배정
★ 주문할 때
★ 식사를 하면서
★ 계산할 때
★ 과일
★ 야채
★ 요리
★ 맛

07 식사 having meals

❶ Dialogue

A : I'd like to treat you to lunch. 점심을 사고 싶은데요.
아이들 라잌 투 트륏츄 투 런취.

B : That would be nice! 물론 좋지요!
댓 우ㄷ 비 나이ㅅ!

Thank you. 고마워요.
땡큐.

A : What do you like to have? 뭐가 드시고 싶으세요?
왓 두 유 라잌 투 해ㅂ?

B : I'm not a picky eater. 저는 아무거나 잘 먹어요.
아임 낫 어 피키 이더ㄹ-.

A : Then let me recommend a selection for you.
덴 렛 미 뤼커멘ㄷ 어 쎌렉션 포ㄹ- 유.
그럼 제가 맛있는 걸로 추천할게요

★ treat : 주로 '다루다, 취급하다'의 뜻으로 자주 쓰이지만 위의 dialogue에서는 '대접하다, 한 턱을 내다' 의 뜻으로 쓰였습니다.

예약

* Do I have to make a reservation for Saturday?
두 아이 해ㅂ 투 메이커 뤠저붸이션 포ㄹ- 쎄더ㄹ-데이?
토요일 저녁 예약해야 합니까?

단어 숙어

picky 형 까다로운
eater 명 먹는 사람
picky eater 식성이 까다로운 사람
recommend 동 추천하다
selection 명 (신중한) 선택, 전시회
reservation 명 예약

* I would like to make a reservation for 5.
아이 우ㄷ 라잌 투 메이커 뤠저붸이션 포ㄹ- 파이브.
5명을 예약하고 싶습니다.

* I would like to book for 12 o'clock this afternoon.
아이 우ㄷ 라잌 투 북 포ㄹ- 트웰버클락 디ㅅ 애프터ㄹ눈.
오늘 오후 12시에 예약을 하고 싶은데요.

* I'd like to make a reservation for dinner tonight.
아이들 라잌 투 메이커 뤠저붸이션 포ㄹ- 디너ㄹ 투나잇.
오늘 밤 저녁식사를 예약하고 싶습니다.

★ I'd는 I would의 줄임말입니다.

* I've made reservations at the restaurant
아이ㅂ 메이ㄷ 뤠저붸이션ㅅ 앳 더 뤠스토뤈ㅌ

for a table for four.
포ㄹ-어 테이블 포ㄹ- 풔ㄹ-.
그 식당에 자리를 네 명 예약해 뒀어.

* We will be there by 6. 여섯 시까지 도착할 겁니다.
위 윌 비 데어ㄹ 바이 씩ㅅ.

* Do you have a dress code? 정장을 해야 합니까?
두 유 해붜 드뤠ㅅ 코ㄷ?

= Do I have to dress up?
두 아이 해ㅂ 투 드뤠썹?
차려 입어야 합니까? (정장을 입어야 합니까?)

* I'm sorry, but I want to cancel my reservation.
아임 쏘뤼, 벗 아이 원투 캔슬 마이 뤠저붸이션.
미안하지만 예약을 취소하려고 합니다.

* Did you make a reservation? 예약을 하셨습니까?
디쥬 메이커 뤠저붸이션?

식당을 찾을 때

* What do you like for lunch?
왓 두 유 라잌 포ㄹ- 런취?
점심으로 뭐가 먹고 싶어요?

* Do you have any particular restaurant in mind?
두 유 해ㅂ 에니 파ㄹ티큘러ㄹ 뤠스토뤈ㅌ 인 마인ㄷ?
특별히 가고 싶은 식당이 있습니까?

* The Italian restaurant across the street is excellent.
디 이탤리언 뤠스토뤈ㅌ 어크로ㅅ 더 스트륏 이ㅈ 엑썰런ㅌ.
길 건너 이탈리안 레스토랑이 맛이 좋다더군요.

* The restaurant's atmosphere is quiet and relaxing.
더 뤠스토뤈ㅊ 앳머스피어ㄹ 이ㅈ 콰이엇 앤 륄렉싱.
그 식당은 조용하고 편안해요.

* The service was too slow and the food was terrible.
더 써ㄹ뷔ㅅ 워ㅈ 투- 슬로우 앤 더 풋 워ㅈ 테뤄블.
서비스도 너무 느리고 음식도 엉망이에요.

단어 숙어

make a reservation 예약하다
here 부 여기에(서), 이곳에(서)
book 동 (좌석, 객실 표 등을) 예약하다
restaurant 명 식당
dress code 복장 규정
dress up 차려 입다
cancel 동 취소하다
terrible 형 형편없는, 엉망의

* Let's have lunch at the snack bar.
렛츠 해ㅂ 런취 앳 더 스낵 바ㄹ.
우리 스낵 코너에서 간단하게 식사를 합시다.

* How about Sushi? 생선 초밥 어때요?
하우 어바웃 스시?

* Is there any good restaurant near here?
이ㅈ 데어ㄹ 에니 굿 뤠스토뤈ㅌ 니어ㄹ 히어ㄹ?
이 근처에 좋은 식당 없나요?

* That restaurant has a good bill of fare (= menu).
댓 뤠스토뤈ㅌ 해ㅈ 어 굿 빌 어ㅂ 풰어ㄹ (= 메뉴).
그 식당은 음식 맛이 아주 좋아.

* This is my hang out. 이곳은 내 단골집입니다.
디ㅅ 이ㅈ 마이 행 아웃.

★ hang out : 드나들다

영어를 공부하다 보면 단어나 숙어가 해석과 딱 들어맞지 않는 경우가 종종 있습니다. 우리가 공부하기 어려운 부분 중의 하나인데요. 위의 문장도 관용적인 표현 중의 하나입니다. 반복적으로 읽어서 외워두세요.

ex) I'm a regular here. 단골집이에요.
아임 어 뤠귤러ㄹ 히어ㄹ.

★ regular : 규칙적으로

규칙적으로 들른다고 말할 정도로 자주 들른다는 뜻입니다.

ex) I come here all the time. 단골집이에요.
아이 컴 히어ㄹ 올 더 타임.

* Let's have some pizza delivered.
렛ㅊ 해ㅂ 썸 핏자 딜리붜ㄹㄷ.
피자를 배달시켜 먹읍시다.

단어 숙어

particular 형 특별한, 특정한	atmosphere 명 분위기, 환경
across 전 가로질러, 맞은편에	quiet 형 조용한
excellent 형 우수한, 아주 훌륭한	relaxing 형 편한, 나른한, 느긋한

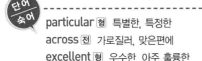

* I feel like to have Chinese food today.
아이 퓔 라잌 투 해ㅂ 촤이니ㅈ 풋 투데이.
오늘은 중국 음식을 먹고 싶은데.

* We need to go by car to the restaurant.
위 닛 투 고우 바이 카ㄹ 투 더 뤠스토뤈ㅌ.
그 식당에 가려면 차를 타야 해.

* Seafood is my favorite 나는 해산물이 좋다.
씨푸ㄷ 이ㅈ 마이 풰이뷔릿.

* How do you like Korean food?
하우 두 유 라잌 코리안 풋?
한국 음식이 어떻습니까?

* I know a popular place for many people.
아이 노우 어 파퓰러 플레이ㅅ 포ㄹ- 메니 피플.
이 지역에서 유명한 식당을 알아요.

자리 배정

* I made a reservation. 예약을 했는데요.
아이 메이ㄷ 어 뤠저붸이션.

단어/숙어

service 명 봉사, 서비스
snack bar 간이식당
Sushi 명 스시 (생선 초밥)
bill 명 계산서
fare 명 음식물, 식사
bill of fare 메뉴
(something) in mind (무엇인가를) 마음에 두다
Italian 형 이탈리아의, 이탈리아 사람(의), 이탈리아말(의)
delivered (deliver) 동 배달시키다
Chinese 형 (중국의), 중국사람(의), 중국말(의)
seafood 명 해산물
favorite 형 좋아하는
popular 형 인기 있는
quiet 형 조용한

* I've booked yesterday as Robert.
아이ㅂ 북ㅌ 예스터ㄹ데이 애ㅈ 뤄버ㄹㅌ.
로버트란 이름으로 어제 예약을 했는데요.

* How long is the wait? 얼마나 기다려야 합니까?
하우 롱 이ㅈ 더 웨잇?

= How long do we have to wait?
하우 롱 두 위 해ㅂ 투 웨잇?

* How many groups are waiting before us?
하우 메니 그룹ㅅ 아ㄹ- 웨이딩 비풔ㄹ 어ㅅ?
우리 앞에 몇 팀이나 기다리고 있습니까?

* Is there a vacant table for four people?
이ㅈ 데어ㄹ 어 붸이컨 테이블 포ㄹ- 풔ㄹ- 피플?
네 사람이 앉을 자리 있습니까?

* We are a party of six. 저희 일행은 6명입니다.
위 아ㄹ-어 파ㄹ디 어ㅂ 씩ㅅ.

* Do you have a table by the window?
두 유 해뷔 테이블 바이 더 윈도우?
창가 테이블이 있습니까?

* I'd like a non smoking table, please. 금연석 부탁합니다.
아이들 라잌 어 넌 스모킹 테이블, 플리ㅈ.

* I'd like to have a table in a quiet place.
아이들 라잌 투 해뷔 테이블 인 어 콰이엇 플레이스.
조용한 자리로 부탁합니다.

* Do you have tables for smoking? 흡연석 있습니까?
두 유 해ㅂ 테이블ㅅ 포ㄹ- 스모킹?

* Please wait to be seated.
플리ㅈ 웨잇 투 비 씨티ㄷ.
안내해 드릴 때까지 잠시만 기다려 주십시오.

* Come over here, please. 이쪽으로 오시지요.
컴 오붜ㄹ 히어ㄹ, 플리ㅈ.

주문할 때

* Menu, please. 메뉴 좀 주시지요.
메뉴, 플리ㅈ.

* I haven't made up my mind yet. 아직 결정을 못했습니다.
아이 해븐 메이ㄷ 업 마이 마인ㄷ 옛.

* Do you have a menu in Korean?
두 유 해붜 메뉴 인 코리아?
한국어로 된 메뉴는 없습니까?

* What kind of dish is it? 이것은 무슨 종류의 요리입니까?
왓 카인ㄷ 어ㅂ 디쉬 이ㅈ잇?

* What do you recommend?
왓 두 유 뤼커멘ㄷ?
추천하시는 음식이 무엇입니까?

* What kind of soup are you serving today?
왓 카인ㄷ 어ㅂ 숲 아ㄹ- 유 써ㄹ빙 투데이?
오늘은 어떤 종류의 수프를 제공합니까?

단어 숙어

wait 명 대기, 지연 동 기다리다
before 부 ~전에
vacant 형 빈, 빈자리의
party 명 일행, 파티
non 부 …않다(아니다)
smoking 명 흡연
follow 동 뒤따라가다
seated 형 (자리에) 앉은

* What's the lunch special today?
왓ㅊ 더 런취 스페셜 투데이?
오늘의 특별 점심은 무엇입니까?

* What's the special today? 오늘의 요리는 뭐죠?
왓ㅊ 더 스페셜 투데이?

* What is the speciality of this restaurant?
왓 이ㅈ 더 스페셜리티 어ㅂ 디ㅅ 뤠스토뤈ㅌ?
이 집에서 특별히 잘하는 요리는 무엇입니까?

* What's the best local food?
왓ㅊ 더 베스ㅌ 로컬 푸ㄷ?
이 지역에서 제일 맛있는 음식이 무엇입니까?

* I'm allergic to fish. 생선에 알레르기가 있습니다.
아임 알러쥑 투 퓌쉬.

* I'll have a T-bone steak. 티본 스테이크로 하겠습니다.
알 해붜 티본 스테잌.

= T-bone steak, please
티본 스테잌, 플리ㅈ.

★ 주문할 때, 자신이 없으면 요리 이름을 말하고 please를 붙입니다.
★ 고기 요리를 주문할 때 익히는 정도를 말합니다.

rare 거의 익히지 않은 medium 중간 익힌 well-done 완전히 익힌
뤠어ㄹ 미디엄 웰-던

ex) Well-done, please. 완전히 익혀주세요.
웰-던, 플리즈.

* I'll have the same. 저도 같은 것으로 주세요.
알 해ㅂ 더 쎄임.

* I would like a cup of coffee. 커피 한 잔으로 하겠습니다.
아이 우드 라이커 컵 어ㅂ 커퓌.

= Coffee, please.
커퓌, 플리ㅈ.

* May I have a glass of water? 물 한 잔 주시겠습니까?
메이 아이 해뷔 글래ㅅ 어ㅂ 워더ㄹ?

★ coffee, water, rice, milk 등은 셀 수 없는 물질명사입니다. 그러므로 a water, a rice, a soap와 같이 나타내지 않고 a cup of coffee(커피 한 잔), two glasses of water(물 두 컵), one glass of milk(우유 한 컵) 등으로 분량을 표현합니다.

ex) Two glasses of water, please. 물 두 잔 부탁합니다.
투 글래시ㅅ 어ㅂ 워터ㄹ, 플리ㅈ.

* To go, please. 가져가겠습니다.
투 고우, 플리ㅈ.

* Could we have a table for two? 2인분을 주시겠어요?
쿳 위 해뷔 테이블 포ㄹ- 투?

* Order whatever you want. 원하는 것은 무엇이든 주문하세요.
오더 왓데뷔ㄹ 유 원ㅌ.

* Why don't you try the special dish that I
와이 돈츄 트롸이 더 스페셜 디쉬 댓 아이

recommend? 제가 추천하는 요리를 드셔 보시지요?
뤼커멘ㄷ?

* What would you like to have? 무엇을 드시겠습니까?
왓 우쥬 라잌 투 해ㅂ?

* May I take your order? 주문 받아도 될까요?
메이 아이 테이ㅋ 유어ㄹ- 오더ㄹ?

* How many servings? 몇 인분 드릴까요?
하우 메니 써빙ㅅ?

* Here or to go? 여기서 드실 건가요, 싸드릴까요?
히어ㄹ 오어ㄹ 투 고우?

* How would you like your steak?
하우 우쥬 라잌 유어ㄹ- 스테잌?
스테이크를 어떻게 해 드릴까요?

* Rare, medium or well-done?
뤠어ㄹ, 미디엄, 오어ㄹ 웰던?
조금, 중간, 많이 익힐까요?

* Anything else? 더 필요하신 건 없으십니까?
에니씽 엘ㅈ?

식사를 하면서

* It looks yummy. 맛있어 보이는데요.
잇 룩ㅅ 야미.

= It looks good.
잇 룩ㅅ 굿.

단어 숙어

dish 명 접시, 요리
soup 명 수프
special 형 특별한
speciality 명 전문, 전공
local 형 지방의, 지역의
allergic 형 알레르기가 있는, 알레르기의
same 형 같은
whatever 대 어떠한 것이라도
order 명 주문
serving 명 한 끼분의 음식
or 접 또는
anything else 그 밖에 다른
made up my mind(make up one' s mind) 마음을 정하다
yet 부 (부정문에서) 아직 (…않다), 아직(지금)까지는 (…않다), 아직 당분간은 (…않다)

* Please help yourself.　　　　　　　　드시죠.
　플리즈　헬ㅍ　유어ㄹ쎌ㅍ.

　★ 이 표현은 식사할 때뿐만 아니라 상대방에게 순서를 양보할 때 자주 사용
　　할 수 있습니다.

* Could you pass me the salt and pepper?
　쿠쥬　　패ㅅ　미　더　솔ㅌ　앤　페퍼ㄹ?
　　　　　　　　소금과 후추 좀 집어주시겠어요?

　★ 식사를 하면서 멀리 있는 음식이나 소스 등을 가까이 있는 다른 사람에게
　　집어 달라고 부탁할 때 쓰는 표현입니다.
　　ex) Will you pass me the pepper?　후추 좀 건네 주겠니?
　　　　윌류　　패ㅅ　미　더　페퍼ㄹ?

* Would you care for another one?　더 드시겠어요?
　우쥬　　케어ㄹ 포ㄹ- 어나더ㄹ　원?

* Why don't you help yourself to some more?
　와이　　돈츄　　헬ㅍ　유어ㄹ쎌ㅍ 투 썸　모어ㄹ?
　　　　　　　　　더 드시지요?

* How was it?　　　　　　　　음식 어떠셨어요?
　하우　워ㅈ 잇?

* This kimchi is well pickled.　이 김치가 잘 익었습니다.
　디ㅅ　김치　이ㅈ 웰　　피클ㄷ.

* I get drunk on very little alcohol.
　아이 겟　드렁ㅋ 언 붸뤼　리들　앨커올.
　　　　　　　저는 아주 조금만 마셔도 취합니다.

yummy 형 맛있는　　　　　pickled 형 소금물(식초물)에 절인
pass 동 넘겨주다　　　　　alcohol 명 술

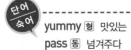

* I'm full. 배가 부릅니다.
아임 풀.

* I've had enough. 충분히 먹었습니다.
아이ㅂ 해ㄷ 이너ㅍ.

* Vanilla ice cream (Coffee, Cream pie), please.
봐닐라 아이ㅅ 크림 (커퓌, 크림 파이), 플리ㅈ.
바닐라 아이스 크림 (커피, 크림 파이) 주세요.

* Please have some. 좀 드세요.
플리ㅈ 해ㅂ 썸.

= Please try it.
플리ㅈ 트롸잇.

* Please help yourself to the salads. 샐러드 좀 드시죠.
플리ㅈ 헬ㅍ 유어ㄹ쎌ㅍ 투 더 쌜러ㅈ.

* Can you give me a doggy bag? 남은 것 좀 싸주시겠어요?
캔 유 기ㅂ 미 어 더기 백?

★ doggy bag은 남은 음식을 가져가는 봉투를 의미합니다. 강아지를 위해 음식을 싸가지고 가서 본인들이 먹는다는 데서 유래한 단어인데, 음식을 남기지 않는 미국 사람들의 습관을 잘 알 수 있습니다.

* I'll skip dessert. 디저트는 괜찮습니다.
알 스킵 디저ㄹㅌ.

* Would you like to order some dessert?
우쥬 라읰 투 오더ㄹ 썸 디저ㄹㅌ?
디저트를 드시겠습니까?

단어 숙어

full 형 꽉 찬
enough 형 충분한
salad(s) 명 샐러드
skip 동 거르다, 건너뛰다
dessert 명 디저트
doggy 형 개의, 개를 좋아하는

* Would you like a refill? 더 드시겠습니까?
우쥬 라익커 뤼퓔?

★ 더 채우시겠습니까? 즉, 더 채워드릴까요?라는 의미입니다.

* How long do we have to wait? 얼마나 더 기다려야 합니까?
하우 롱 두 위 해ㅂ 투 웨잇?

* This is not cooked enough. 요리가 덜 익었습니다.
디ㅅ 이ㅈ 낫 쿡ㅌ 이너프.

* This is tough. 질깁니다.
디ㅅ 이ㅈ 터ㅍ.

* I want to cancel my order. 주문을 취소하고 싶습니다.
아이 원 투 캔슬 마이 오더ㄹ.

* May I change my order? 주문을 바꿔도 되겠습니까?
메이 아이 췌인쥐 마이 오더ㄹ?

* I didn't order it. 이건 주문하지 않았습니다.
아이 디든 오더ㄹ 잇.

계산할 때

* Check, please. 계산서 좀 주세요.
췤, 플리ㅈ.

* Can we have separate bills? 계산서를 따로 주시겠습니까?
캔 위 해ㅂ 쎄퍼뤠잇 빌ㅅ?

단어 숙어

refill 동 다시 채우다
cook 동 요리하다, 익히다
tough 형 끈기 있는, 차진, 거친
change 동 바꾸다
separate 형 따로따로의, 개별적인
bill 명 계산서

* This is on me. 제가 계산하겠습니다.
디ㅅ 이ㅈ 언 미.

= I'll pay the bill.
알 페이 더 빌.

= I'll take care of the check.
알 테잌 케어ㄹ 어ㅂ 더 췍.

= This is my treat.
디ㅅ 이ㅈ 마이 트륏.

* Let's go Dutch. 각자 내죠.
렛ㅊ 고우 더취.

★ 더치페이는 각자 자기 몫을 낸다는 뜻의 콩글리쉬입니다. 올바른 표현은 'go Dutch'입니다. Dutch는 '네덜란드 사람'이라는 뜻입니다. 17, 18세기 네덜란드가 영국보다 선진국일 때 영국은 네덜란드에 대해 경쟁심도 가지고 있었지만 시기심도 가지고 있었다고 합니다. 그래서 네덜란드 사람 몇 명이 무엇을 같이 먹고 돈을 낼 때 자신이 먹은 것에 대해서만 돈을 내는 것을 비꼬아 'Dutch pay'라고 표현하게 되었습니다.

–그 밖에도 'Dutch'가 쓰인 좋지 않은 표현들이 있습니다.
Double Dutch : (상대방을 속일 목적으로) 애매하게 하는 말
Dutch Courage : (술김에 부리는) 허세
Dutch Wife : 죽부인(여름에 껴안고 자는 속이 비고 길쭉한 물건)
–껴안고는 있지만 와이프는 아니다
Do the Dutch : 스스로 목숨을 끊다

= Let's go half-and-half.
렛ㅊ 고우 하ㅍ 앤 하ㅍ.

= Let's share the bill.
렛ㅊ 쉐어 더 빌.

단어 숙어

check 명 점검, 대조, 관찰
pay 동 계산하다
treat 동 대우하다, 간주하다
take care of 처리하다
change 명 잔돈
share 명 몫, 할당몫

* The next round is on me. 다음은 제가 내겠습니다.
더 넥스ㅌ 롸운ㄷ 이ㅈ 언 미.

* Keep the change. 잔돈은 가지세요.
킵 더 췌인쥐.

* Here's your bill. 계산서입니다.
히어ㄹㅅ 유어ㄹ- 빌.

과일

* apricot 애프뤼컷	살구	* peach 피취	복숭아
* apple 애플	사과	* peanut 피넛	땅콩
* banana 버내너	바나나	* pear 페어ㄹ	배
* grape 그뤠이ㅍ	포도	* persimmon 퍼ㄹ씨먼	감
* kiwi 키위	키위	* pineapple 파인애플	파인애플
* melon 멜론	멜론, 참외	* plum 플럼	자두
* orange 어륀쥐	오렌지	* watermelon 워더ㄹ멜론	수박

야채

* bean 콩
  빈
* broccoli 브로콜리
  브뤄콜리
* brown seaweed 미역
  브롸운 씨위ㄷ
* cabbage 양배추
  캐비쥐
* carrot 당근
  캐뤗
* cauliflower 컬리플라워
  컬리플라워ㄹ
* cucumber 오이
  커큠버ㄹ
* egg plant 가지
  에그 플랜ㅌ
* garlic 마늘
  갈릭
* green pepper 풋고추
  그륀 페퍼ㄹ
* wild sesame 들깨
  와일ㄷ 쎄서미
* lettuce 상추
  레티ㅅ
* mushroom 버섯
  머쉬룸
* onion 양파
  어니언
* spinach 시금치
  스피니취
* pea 완두콩
  피
* potato 감자
  포테이도
* pumpkin 호박
  펌킨
* red pepper 빨간 고추
  뤠 페퍼ㄹ
* sesame 참깨
  쎄서미
* sweet potato 고구마
  스윗 포테이도

요리

* baked potato 베익트 포테이도 — 구운 감자
* broiled lobster 브뤄일ㄷ 랍스터ㄹ — 바다가재 구이
* fruit salads 프룻 쌜러ㅈ — 과일 샐러드
* green salads 그륀 쌜러ㅈ — 야채 샐러드
* steak 스테익 — 스테이크
* curry 커뤼 — 카레
* omelet 오믈렛 — 오믈렛
* pork cutlet 포ㄹ크 커틀렛 — 돈까스
* soup 슢 — 수프
* spaghetti 스파게디 — 스파게티

맛

* astringent 어스트륀젼ㅌ — 떫은
* bitter 비더ㄹ — 쓴
* delicious 딜리셔ㅅ — 맛있는
* flat 플랫 — 싱거운
* hot 핫 — 매운
* juicy 쥬씨 — 즙이 많은, 수분이 많은
* salty 썰티 — 짠
* sour 싸우어ㄹ — 신
* sweet 스윗 — 단
* tasteless 테이스트리ㅅ — 맛없는
* thick 씩 — 느끼한

Chapter 08

쇼핑

★ 쇼핑할 때

★ 계산 · 포장

★ 물건 구매 후

08 쇼핑 shopping

❶ Dialogue

A : Are you looking for something specific?
아ㄹ- 유 루킹 포ㄹ- 썸씽 스퍼씨퓍?
특별히 찾고 계신 옷이 있으십니까?

B : I would like to try the dress in the window.
아이 우ㄷ 라잌 투 트롸이 더 드뤠ㅅ 인 더 윈도우.
진열되어 있는 드레스를 입어 봤으면 하는데요.

A : What size do you wear? 사이즈가 어떻게 되십니까?
왓 싸이ㅈ 두 유 웨어ㄹ?

B : I'm not sure about it. 확실하지 않네요.
아임 낫 슈어ㄹ 어바웃 잇.

I've gained some weight these days.
아이ㅂ 게인ㄷ 썸 웨잇 디ㅈ 데이ㅅ.
요즘 체중이 늘어나서요.

A : That's OK. 괜찮습니다.
댓ㅊ 오케이.

I can measure you. 치수를 재드리겠습니다.
아이 캔 메줘ㄹ 유.

단어 숙어

be looking for ~을 찾다
try 동 시도하다
wear 동 입다
specific 형 분명히 나타낸, 특별히
measure 동 치수를 재다
sure 형 확실한, 확신하는
gained 동 (gain의 과거형) 얻다, 늘리다, 회복하다
these days 요즘
weight 명 무게, 체중
floor 명 (건물의) 1층

쇼핑할 때

* Won't you go shopping with me?
원츄 고우 샤핑 윗 미?
같이 쇼핑가지 않을래?

* Where is the shopping area?
웨어ㄹ 이ㅈ 더 샤핑 에어뤼어?
쇼핑 지역은 어디에 있습니까?

* Do you know a souvenir shop around here?
두 유 노우 어 수브니어ㄹ 샵 어롸운ㄷ 히어ㄹ?
이 근처에 기념품 가게 있습니까?

* What are some special products of this town?
왓 아ㄹ- 썸 스페셜 프롸덕ㅊ 어ㅂ 디ㅅ 타운?
이 마을의 특산물로는 무엇이 있습니까?

* Where can I buy cosmetics? 화장품은 몇 층에서 삽니까?
웨어ㄹ 캔 아이 바이 코스메딕ㅅ?

* Which floor is the food department on?
위취 플로어ㄹ 이ㅈ 더 풋 디파ㄹ트먼ㅌ 언?
몇 층에 식당가가 있습니까?

단어 숙어

go shopping 쇼핑하러 가다
area 명 지역
souvenir 명 기념품
shop 명 상점
around 부 주위에
product 명 상품, 물건
town 명 읍, 시, 도회지
buy 동 구매하다, 사다
cosmetic 명 화장품
department 명 매장
clothing 명 의류
food 명 식량, 먹을 것, 식품

* Where is the women's clothing department?
웨어ㄹ 이ㅈ 더 위민ㅅ 클로우딩 디파ㄹ트먼ㅌ?
여성복 매장은 어디에 있습니까?

* Would you show me the dress in the window?
우쥬 쇼우 미 더 드뤠ㅅ 인 더 윈도우?
진열되어 있는 원피스 좀 보여주시겠어요?

* I'm looking for a gift for my children.
아임 룩킹 포ㄹ- 어 기프ㅌ 포ㄹ- 마이 췰드뤈.
아이들에게 줄 선물을 찾고 있습니다.

* I'd like to try on the shoes, please.
아이들 라잌 투 트롸이 언 더 슈ㅈ, 플리ㅈ.
이 구두 좀 신어봤으면 합니다.

* Where do you have skirts? 스커트는 어디에 있습니까?
웨어ㄹ 두 유 해ㅂ 스커ㄹㅊ?

* I'd like to buy a dress shirt. 와이셔츠를 사려는데요.
아이들 라잌 투 바이 어 드뤠ㅅ 셔ㄹㅊ.

★ 와이셔츠는 Y-shirt가 아니라 dress shirt입니다.

* Please show me the ring in the case.
플리ㅈ 쇼우 미 더 륑 인 더 케이ㅅ.
저 상자 안에 든 반지 좀 보여주세요.

* Do you have a blouse to match these pants?
두 유 해뷔 블라우ㅅ 투 매취 디ㅈ 팬ㅊ?
이 바지들과 어울리는 블라우스 있습니까?

* This is too flashy. 이건 너무 야하군요.
디ㅅ 이ㅈ 투- 플래쉬.

* Don't you have something quiet? 좀 수수한 건 없나요?
돈츄 해ㅂ 썸씽 콰이엇?

* I think it is out of style. 촌스러운 것 같아요.
아이 씽ㅋ 잇 이ㅈ아웃 어ㅂ 스타일.

* May I try on the skirt? 이 치마 입어 봐도 되나요?
메이 아이 트롸이 언 더 스커ㄹㅌ?

* I'm afraid it is too plain. 너무 평범한 것 같습니다.
아임 어프뤠이ㄷ 잇이ㅈ 투– 플레인.

* Do you have the design in a different color?
두 유 해ㅂ 더 디자인 인 어 디퓌뤈ㅌ 컬러ㄹ?
이 디자인으로 다른 색상 있습니까?

* Would you show me another design, please?
우쥬 쇼우 미 어나더ㄹ 디자인, 플리ㅈ?
다른 디자인으로 보여주시겠습니까?

* I prefer a simpler style. 나는 더 단순한 스타일이 좋습니다.
아이 프뤼풔ㄹ 어 씸플러ㄹ 스타일.

* Please show me another one. 다른 것을 좀 보여주세요.
플리ㅈ 쇼우 미 어나더ㄹ 원.

단어 숙어

gift 명 선물
children 명 아이들 (child 아이)
shoes 명 신발
skirt 명 치마
case 명 케이스, 상자
flashy 형 야한, 속되게 번지르르한
be out of style 촌스러운
plain 형 평범한, 단조로운
design 명 디자인
different 형 다른
color 명 색상
prefer 동 더 좋아하다
simpler 형 (simple 간단한) 더 간단한
style 명 스타일

* Where is the fitting room? 탈의실이 어딥니까?
웨어 이ㅈ 더 퓌딩 룸?

* It fits me well. 잘 맞는데요.
잇 퓟ㅊ 미 웰.

* It doesn't fit me. 옷이 맞질 않아요.
잇 더즌 퓟 미.

* This is too big. 너무 커요.
디ㅅ 이ㅈ 투- 빅.

= This is too loose.
디ㅅ 이ㅈ 투- 루즈.

* Show me a smaller size. 작은 사이즈로 보여 주세요.
쇼우 미 어 스몰러ㄹ 싸이ㅈ.

* Do you have this in another color?
두 유 해ㅂ 디ㅅ 인 어나더ㄹ 컬러ㄹ?
다른 색으로 된 것 있습니까?

* Do you have this in black? 같은 걸로 검은 색 있습니까?
두 유 해ㅂ 디ㅅ 인 블랙?

* Do you have a bigger one? 더 큰 것 있습니까?
두 유 해붜 비거ㄹ 원?

= Could I have this in a larger size?
쿠다이 해ㅂ 디ㅅ 인 어 라ㄹ져ㄹ 싸이ㅈ?

단어 숙어

fitting room 탈의실
fit 동 …에 꼭 맞다
what kind of~ …어떤 종류의
big 형 큰, 커다란
loose 형 헐렁한
smaller 형 (small 작은) 더 작은
larger 형 (large 큰) 더 큰

* What kind of leather it is?　이건 무슨 가죽입니까?
왓　카인더ㅂ　레더ㄹ　잇 이ㅈ?

* Do you have any 100-percent wool sweater?
두　유　해ㅂ　에니　원헌드뤠ㄷ 퍼센트　울　스웨더ㄹ?
100퍼센트 울 스웨터 있습니까?

* Is this expensive?　이것은 비쌉니까?
이ㅈ 디ㅅ　익스펜씨ㅂ?

* It's awfully expensive　굉장히 비싸군요.
잇ㅊ　어풀리　익스펜씨ㅂ.

* Is that your lowest price?　깎아 줄 수 없습니까?
이ㅈ 댓　유어ㄹ-　로위스ㅌ　프라이ㅅ?

* It looks good, but it's a little expensive.
잇　룩ㅅ　굿,　벗　잇ㅊ 어　리들　익스펜씨ㅂ.
마음에 들지만, 조금 비싸네요.

* Can't you come down a little on the price?
캔츄　컴　다운　어 리들　언　더　프라이ㅅ?
가격을 약간 깎아주시면 안 될까요?

* Is there any discount?　할인은 없습니까?
이ㅈ 데어ㄹ　에니　디스카운ㅌ?

* I don't do any impulse buying.
아이 돈　두　에니　임펄ㅅ　바잉.
저는 충동 구매는 하지 않아요.

단어 숙어

leather 명 가죽
wool 명 울
sweater 명 스웨터
expensive 형 비싼
awfully 부 대단히, 지독하게
lowest 형 최하의
price 명 가격
discount 명 할인

* I can't decide right now. 지금 바로 결정을 못 내리겠네요.
아이 캔 디싸이ㄷ 롸잇 나우.

* I'm just looking around. 그냥 둘러보고 있습니다.
아임 져스ㅌ 룩킹 어롸운ㄷ.

= I'm window shopping.
아임 윈도우- 샤핑.

* I will come back later. 나중에 다시 오겠습니다.
아이 윌 컴 백 레이더ㄹ.

* I will look around some more.
아이 윌 룩 어롸운ㄷ 썸 모어ㄹ.
좀더 둘러보고 오겠습니다.

* I'll take this. 이것으로 하겠습니다.
알 테잌 디ㅅ.

* Would you put it in your bag? 가방에 넣어 주시겠습니까?
우쥬 풋 잇 인 유어ㄹ- 백?

* Can I buy it tax-free? 면세로 구입할 수 있습니까?
캔 아이 바이 잇 택ㅅ-프뤼?

* When do you close? 문은 언제 닫습니까?
웬 두 유 클로우ㅈ?

= What time do you close?
왓 타임 두 유 클로우ㅈ?

단어 숙어

impulse 명 충동, 충격
decide 동 결정하다
be looking around 둘러보다
tax-free 형 면세의
close 동 문을 닫다
store 명 상점

* Where can I buy it? 어디서 그것을 살 수 있습니까?
웨어ㄹ 캔 아이 바이 잇?

* May I help you find what you're looking for?
메이 아이 헬ㅍ 유 파인ㄷ 왓 유어ㄹ 룩킹 포ㄹ-?
찾고 계신 것이 무엇이신지 도와드릴까요?

* What size do you wear? 무슨 사이즈를 입으십니까?
왓 싸이ㅈ 두 유 웨어ㄹ?

* You have an eye for fashion.
유 해뷘 아이 포ㄹ- 패션.
패션에 대한 안목이 있으시군요.

* That is sold out. 다 팔렸습니다.
댓 이ㅈ 쏠ㄷ 아웃.

= We are all sold out.
위 아ㄹ 올 쏠ㄷ 아웃.

* We are out-of stock. 품절입니다.
위 아ㄹ- 아웃-어ㅂ 스턱.

* That's becoming on you. 손님에게 잘 어울리십니다.
댓ㅊ 비커밍 언 유.

= That looks good on you.
댓 룩ㅅ 굿 언 유.

* The colors go well on you.
더 컬러ㄹㅅ 고우 웰 언 유.
색상이 손님에게 잘 어울리시네요.

단어 숙어

be sold out 매진되다
be out of stuck 품절되다
becoming 형 어울리는, 적당한
go well 잘 어울리다

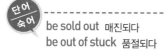

* We can't take off a penny. 한 푼도 깎아드릴 수 없습니다.
위 캔 테잌 어ㅍ 어 페니.

* This is the special season for bargain sales.
디ㅅ 이ㅈ 더 스페셜 씨즌 포ㄹ- 바ㄹ겐 쎄일ㅅ.
지금이 특별 할인 기간입니다.

* It sells like hot cakes. 불티나게 잘 팔립니다.
잇 쎄일ㅅ 라잌 핫 케잌ㅅ.

계산·포장

* How much is it? 얼마입니까?
하우 머취 이ㅈ 잇?

= What's the price?
왓ㅊ 더 프롸이ㅅ?

* Where is the check-out counter?
웨어ㄹ 이ㅈ 더 첵카웃 카운터ㄹ?
계산은 어디에서 합니까?

* May I pay by check? 수표로 지불해도 됩니까?
메이 아이 페이 바이 쳌?

* Can you give me a receipt, please?
캔 유 기ㅂ 미 어 뤼씻, 플리ㅈ?
영수증을 주시겠습니까?

단어 숙어

bargain 명 매매, 싼 물건
price 명 값, 가격
check out 계산
counter 명 계산대
receipt 명 영수증

* You gave me the wrong change.
유 게이ㅂ 미 더 뤙 췌인쥐.
거스름돈을 잘못 주셨습니다.

* Isn't there a mistake in the bill?
이즌 데어ㄹ 어 미스테잌 인 더 빌?
계산이 잘못되지 않았습니까?

* Could you gift-wrap this, please?
쿠쥬 기프트-랩 디ㅅ, 플리즈?
선물용으로 포장해 주시겠습니까?

* Please wrap them separately. 따로 포장해 주세요.
플리ㅈ 랩 뎀 쎄퍼뤠잇리.

* Please wrap them together. 같이 포장해 주세요.
플리ㅈ 랩 뎀 투게더ㄹ.

* Would it be possible for me to have it in a gift box?
우ㄷ 잇 비 파써블 포ㄹ- 미 투 해빗 인 어 기프트 박ㅅ?
그것을 포장 박스에 넣어 주시겠습니까?

* Could I have a bag? 봉투 좀 주시겠습니까?
쿠다이 해뷔 백?

* Would you please wrap it? 그것을 포장해 주시겠습니까?
우쥬 플리ㅈ 랩 잇?

* Would you like it gift-wrapped?
우쥬 라잌 잇 기프트랩ㅌ?
선물용으로 포장해 드릴까요?

단어/숙어

wrong 형 틀린 명 과실, 잘못
mistake 명 잘못, 틀림 동 오해하다
gift - wrap 선물용으로 포장하다
separately 부 갈라져, 따로따로
possible 형 가능한, 가능한 한의
wrap 동 (감)싸다, 포장하다

⁚ 물건 구매 후

* May I have a refund on this? 이거 환불해 주시겠습니까?
메이 아이 해뷔 뤄풘ㄷ 언 디ㅅ?

= I'd like to get a refund.
아이들 라잌 투 겟 어 뤄풘ㄷ.

= Can I get a refund?
캔 아이 겟 어 뤄풘ㄷ?

* Here is the receipt. 여기 영수증 있습니다.
히어ㄹ 이ㅈ 더 뤼씨ㅌ.

* I'd like to change the shirt. 이 셔츠 교환하고 싶은데요.
아이들 라잌 투 췌인쥐 더 셔ㄹㅌ.

* Can I change the size? 사이즈 교환할 수 있습니까?
캔 아이 췌인쥐 더 싸이ㅈ?

* Sorry, we can't give you a cash refund
쏘뤼, 위 캔 기뷰 어 캐쉬 뤄풘ㄷ.
죄송하지만 환불은 안 됩니다.

* We can replace it for you.
위 캔 뤼플레이ㅅ 잇 포ㄹ- 유.
다른 것으로 바꾸어 드리겠습니다.

* How long will it take to repair?
하우 롱 윌 잇 테잌 투 뤼페어ㄹ?
수리하는 데 얼마나 걸립니까?

단어 숙어

refund 명 환불
receipt 명 영수증
replace 동 교환하다, 대체하다
repair 동 수리하다

* Will you guarantee the repairs?
  윌 유 게뤈티 더 뤼페어ㄹㅅ?
  수리[A/S]를 보증합니까?

* How much did you pay for this? 이거 얼마주고 샀어?
  하우 머취 디쥬 페이 포ㄹ- 디ㅅ?

* Where did you buy that? 그거 어디에서 사셨어요?
  웨어ㄹ 디쥬 바이 댓?

* I'm afraid you got ripped off. 너 바가지 쓴 것 같아.
  아임 어프뤠이ㄷ 유 갓 륍ㅌ 어ㅍ.

* That's a rip-off! 바가지네요.
  댓ㅊ 어 륍-어ㅍ.

* What a steal! 정말 싸네요!
  댓ㅊ 어 스틸!

★ steal : 훔치다
'훔친 거네요!' 즉, 훔친 거나 마찬가지로 무척 싸네요.라는 뜻입니다.

* Sorry, we can't give you a cash refund.
  쏘뤼, 위 캔 기뷰 어 캐쉬 뤼풘ㄷ.
  죄송하지만 환불은 안 됩니다.

단어 숙어

guarantee 명 보증 동 보증하다
repair 동 수리하다
buy 동 사다, 구입하다
ripp-off 바가지 쓰다
afraid 형 두려워하여, (유감이지만)…이라고 생각하다
steal 동 훔치다, 도둑질하다

의상 · 액세서리

* belt 벨트	혁대, 벨트	* socks 삭스	짧은 양말
* blouse 블라우스	블라우스	* suit 슈트	정장, 신사복 한 벌
* dress 드뤠ㅅ	원피스	* sweater 스웨터	스웨터
* jacket 재킷	재킷	* tie 타이	넥타이
* pants 팬츠	속바지, 팬츠	* trousers 트롸우저즈	(남자용)바지
* purse 퍼ㄹ스	지갑, 핸드백	* wallet 월릿	(접게 된 가죽 제품의) 지갑
* shirts 셔츠	셔츠		

Chapter 09

취미

★ 음악 · 영화

★ 스포츠

★ TV

★ 취미 · 특기

★ 각종 스포츠

09 취미 hobby

❶ Dialogue

A : Do you want to see a movie today? 오늘 영화 볼까?
두 유 원 투 씨 어 무뷔 투데이?

B : Sounds like a good idea! 좋은 생각인 걸!
싸운ㅅ 라이커 굿 아이디어!

Which movie do you want to see?
위취 무뷔 두 유 원 투 씨?
무슨 영화를 보고 싶은데?

A : Anything romantic. 로맨틱한 것 아무거나.
에니씽 뤄맨틱.

B : I like romantic movies, too. 나도 로맨틱 영화가 좋더라.
아이 라잌 뤄맨틱 무뷔ㅅ, 투-.

음악 · 영화

* I like to listen to music. 나는 음악 감상을 좋아합니다.
아이라잌 투 리슨 투 뮤직.

* I prefer to read or listen to music.
아이 프뤼풔ㄹ 투 뤼ㄷ 오어ㄹ 리쓴 투 뮤직.
저는 독서나 음악 감상을 더 좋아합니다.

* That is not my taste. 그건 내 취향이 아닌데요.
댓 이ㅈ 낫 마이 테이스ㅌ.

단어 숙어

movie 명 영화
idea 명 생각, 아이디어
see 동 보다
romantic 형 낭만적인
listen 동 듣다
music 명 음악
read 동 (책, 편지 등을)읽다 , 낭독하다
taste 명 취향

* What kind of music do you like?
왓 카인더ㅂ 뮤직 두 유 라잌?
어떤 종류의 음악을 좋아하십니까?

* I like classical music. 저는 클래식을 좋아합니다.
아이 라잌 클래시컬 뮤직.

* Who is your favorite singer? 어떤 가수를 제일 좋아하세요?
후 이ㅈ 유어ㄹ- 풰이붜륏 씽어ㄹ?

* What is your favorite song?
왓 이ㅈ 유어ㄹ- 풰이붜륏 쏭?
제일 좋아하는 노래가 무엇입니까?

* I like movies. 나는 영화를 좋아합니다.
아이 라잌 무뷔ㅅ.

= I'm a movie fan.
아임 어 무뷔 팬.

* I go to movies a lot. 나는 자주 영화를 보러 갑니다.
아이 고우 투 무뷔ㅅ 얼랏.

* Would you like to go to a movie? 영화 보러 갈까요?
우쥬 라잌 투 고우 투 어 무뷔?

= Why don't we go to a movie?
와이 돈 위 고우 투 어 무뷔?

= Let's go to the movie.
렛ㅊ 고우 투 더 무뷔.

단어 숙어

classical 형 고전적인
singer 명 가수
song 명 노래
fan 명 팬, ~광(狂)

★ 'Would you'는 조심스런 사이에 'Why don't we'는 가까운 친구 사이에 주로 쓰는 표현으로 '우리 ~ 할까(요)?'라는 제안의 표현입니다.

* What kind of movie do you like?
왓 카인ㄷ 어ㅂ 무뷔 두 유 라잌?
어떤 종류의 영화를 좋아하세요?

* Which movie did you see lately?
위취 무뷔 디쥬 씨 레잇리?
최근에 어떤 영화를 보셨어요?

* I haven't been to the movies for a long time.
아이 해븐 빈 투 더 무뷔ㅅ 포ㄹ-러 롱 타임.
꽤 오랫동안 극장에 못 가봤습니다.

* The tickets are sold out.
더 티킷ㅊ 아ㄹ- 쏠다웃.
표가 매진되었습니다.

* I like horror movies.
아이 라잌 허뤄ㄹ 무뷔ㅅ.
나는 무서운 영화를 좋아합니다.

* I like fantastic movies.
아이 라잌 퐌타스틱 무뷔ㅅ.
나는 판타스틱 영화를 좋아합니다.

* I like sad movies.
아이 라잌 쌔ㄷ 무뷔ㅅ.
나는 슬픈 영화를 좋아합니다.

* Did you enjoy the movie?
디쥬 엔죠이 더 무뷔?
영화 재미있었습니까?

단어 숙어

lately 부 최근에
ticket 명 티켓
horror 명 공포, 전율
fantastic 형 환상적인
sad 형 슬픈
be sold out 매진되다

= How did you like the movie?
하우 디쥬 라잌 더 무뷔?

* Do you like Korean films? 한국 영화 좋아하세요?
두 유 라잌 커뤼안 퓔름?

* Who is the main character in the movie?
후 이ㅈ 더 메인 캐뤽터 인 더 무뷔?
그 영화는 주연배우가 누구인가요?

* Who is your favorite movie star?
후 이ㅈ 유어ㄹ- 풰이붜륏 무뷔 스타ㄹ?
좋아하는 영화배우는 누구입니까?

* Lord of the Rings movie is now playing in the theater.
로ㄹㄷ 어ㅂ 더 륑ㅅ 무뷔 이ㅈ 나우 플레잉 인 더 씨어ㄹ더.
반지의 제왕이 상영중이야.

* When does the movie start?
웬 더ㅈ 더 무뷔 스타ㄹㅌ?
언제 영화 시작합니까?(몇 시에 시작합니까?)

* We still have 20 minutes left before the movie starts.
위 스틸 해ㅂ 트웬티 미닛츠 레프ㅌ 비풔ㄹ- 더 무뷔 스타ㄹㅊ.
영화 시작하려면 아직 20분 남았어요.

단어 숙어

film 명 영화
main 형 주요한
character 명 등장인물, 특성, 품성
favorite 형 마음에 드는, 매우 좋아하는
star 명 별, 인기배우(가수), 인기 있는 사람
theater 명 극장
playing 동 (play) 상연하다
start 동 시작하다

* The movie was awesome 영화가 무척 좋았습니다.
  더 무뷔 워ㅈ 어썸.

* The movie was deeply moving.
  더 무뷔 워ㅈ 딥리 무빙.
  그 영화는 무척 감동적이었습니다.

* The movie was impressive.
  더 무뷔 워ㅈ 임프뤠씨ㅂ.
  영화가 무척 인상적이었습니다.

* The movie was not good 영화가 별로였습니다.
  더 무뷔 워ㅈ 낫 굿.

* The movie was so boring. 그 영화는 무척 지루했습니다.
  더 무뷔 워ㅈ 쏘우 보륑.

* What movie did you rent? 어떤 영화를 빌렸나요?
  왓 무뷔 디쥬 뤤ㅌ?

스포츠

* Do you like playing sports? 운동하는 것 좋아하세요?
  두 유 라잌 플레잉 스포ㄹㅊ?

* Do you like sports? 운동 좋아하세요?
  두 유 라잌 스포ㄹㅊ?

* What's your favorite sports? 어떤 운동을 좋아하세요?
  왓ㅊ 유어ㄹ- 풰이붜륏 스포ㄹ츠?

단어 숙어

awesome 형 굉장한, 아주 멋진
deeply 부 깊게
impressive 형 감동적인
boring 형 지루한
rent 동 대여하다, 빌리다
favorite 형 마음에 드는, 매우 좋아하는

* What kind of sports do you like best?
왓 카인더ㅂ 스포ㄹ-ㅊ 두 유 라잌 베스ㅌ?
어떤 운동을 제일 좋아하십니까?

* Do you play any sports? 운동하시는 것 있습니까?
두 유 플레이 에니 스포ㄹ-ㅊ?

* Do you exercise regularly? 운동 꾸준히 하고 계신가요?
두 유 엑써ㄹ싸이ㅈ 뤠귤러ㄹ리?

* How often do you work out? 운동 얼마나 자주 하세요?
하우 오픈 두 유 워ㄹ카웃?

* Which sports do you like better, soccer or basketball?
위취 스포ㄹ-ㅊ 두 유 라잌 베더ㄹ, 싸커 오어ㄹ 배스킷볼?
축구와 농구 중 어떤 운동을 더 좋아해요?

★ how often : 얼마나 자주 – 자주 쓰이는 유용한 표현입니다.

ex) How often do you go swimming? 수영은 얼마나 자주 하니?
하우 오픈 두 유 고우 스위밍?

How often do you go to the theater? 얼마나 자주 영화관에 가니?
하우 오픈 두 유 고우 투 더 씨어터ㄹ?

답변으로는

everyday	매일	once a week	일주일에 한 번
twice a week	일주일에 두 번	once a month	한 달에 한 번
twice a month	한 달에 두 번	twice a week	일주일에 두 번

ex) I don't go to church. 교회에 가지 않아요.
아이 돈 고우 투 처ㄹ취.

I don't go to the theatre. 영화관에 가지 않아요.
아이 돈 고우 투 더 씨어터ㄹ.

등으로 답할 수도 있습니다.

단어 숙어

best 형 가장 좋은, 가장 많은
soccer 명 축구
exercise 명 운동, 연습
regularly 부 일정하게, 꾸준히
often 부 자주, 종종, 흔히
basketball 명 농구

* Do you like watching baseball games?
두 유 라잌 워췽 베이스볼 게임ㅅ?
야구 경기 관람 좋아하십니까?

* Is the game on TV tonight? 그 경기 오늘 밤에 중계합니까?
이ㅈ 더 게임 언 티뷔 투나잇?

* Which team do you support? 어떤 팀을 응원하십니까?
위취 팀 두 유 써포ㄹㅌ?
= Which team are you rooting for?
위취 팀 아ㄹ- 유 루팅 포ㄹ-?

* Which team is leading? 어느 팀이 이기고 있습니까?
위취 팀 이ㅈ 리딩?

* Who won the soccer game last night?
후 원 더 싸커ㄹ 게임 라스ㅌ 나잇?
간밤에 축구는 어느 팀이 이겼습니까?

* How did the game turn out? 게임은 어떻게 끝났습니까?
하우 디ㄷ 더 게임 터ㄹ나웃?

* I like all kind of sports.
아이 라잌 올 카인더브 스포ㄹㅊ.
나는 모든 종류의 스포츠를 좋아합니다.

* I play tennis once a week.
아이 플레이 테니스 원ㅅ 어 윜.
나는 테니스를 일 주일에 한 번 친다.

단어 숙어

watch 동 지켜보다
baseball 명 야구
tonight 명 오늘 밤
support 동 응원하다, 지지하다
be rooting for~ : ~를 응원하다
leading 동 (lead) 선두에 서다
last night 명 어젯밤
turn out 결과가 ~이 되다, 결국 ~으로 끝나다.
once 부 한 번, 한 차례
believe 동 믿다, 생각하다

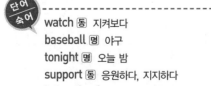

★ once a week 일주일에 한 번 'a'는 ~당 (per)의 의미로 쓰였습니다.

* I like jogging because I believe it's good for
아이 라잌 줘깅 비커ㅈ 아이 빌리ㅂ 잇츠 굿 포ㄹ-

my heart.
마이 하ㄹ앗ㅌ.

나는 조깅을 좋아합니다. 왜냐하면 심장에 좋다고 믿으니까요.

* Exercise regularly.
엑써싸이ㅈ 뤠귤러ㄹ리.

운동 꾸준히 하세요.

* I work out now and then.
아이 워ㄹㅋ 아웃 나우 앤 덴.

가끔 운동을 합니다.

* I'm not very good at sports.
아임 낫 붸뤼 굿 앳 스포ㄹㅊ.

저는 운동에 별로 소질이 없습니다.

* I'm not much for sports.
아임 낫 머취 포ㄹ- 스포ㄹ-ㅊ.

나는 운동에 별로 흥미가 없습니다.

= I'm not interested in sports.
아임 낫 인터뤠스티ㄷ 인 스포ㄹㅊ.

* I've been working out at a gym for over five years.
아이ㅂ 빈 워ㄹ킹 아웃 애더 쥠 포ㄹ- 오붜ㄹ 퐈이ㅂ 이어ㄹㅅ.

5년 넘게 체육관에서 운동을 하고 있습니다.

* I began to exercise, and lost some weight.
아이 비겐 투 엑써ㄹ싸이ㅈ, 앤 로스ㅌ 썸 웨잇.

저는 운동을 시작해서 살이 조금 빠졌습니다.

단어 숙어

heart 명 심장
now and then 때때로, 이따금
be good at~ ~에 소질이 있다. ~을 잘 하다
gym 명 체육관
regularly 부 일정하게, 꾸준히
weight 명 체중

* Physical exercises develop muscle.
피지컬 엑써ㄹ싸이지ㅅ 디벨롭 머쓸.
운동을 하면 근육이 발달돼요.

* I am too busy to excercise. 너무 바빠서 운동을 못합니다.
아앰 투- 비지 투 엑써ㄹ싸이ㅈ.

★ too ~ to ... '너무 ~해서 …할 수가 없다' 는 뜻의 숙어입니다.

ex) He is too young to die. 죽기에는 너무 어려.
히 이ㅈ 투- 영 투 다이.

It is too dark to see. 너무 어두워서 안 보여.
잇이ㅈ 투- 다ㄹㅋ 투 씨.

* I need to start an exercise program.
아이 닛 투 스타ㄹㅌ 언 엑써ㄹ싸이ㅈ 프로그램.
운동을 시작해야겠습니다.

* I am rooting for the Giants.
아이앰 루팅 포ㄹ- 더 좌이언ㅊ.
저는 자이언츠 팀을 응원합니다.

* They lost the game two to nothing. 2대 1로 졌습니다.
데이 로스ㅌ 더 게임 투 투 낫씽.

* The score was tied. 비겼습니다.
더 스코어ㄹ 워ㅈ 타이ㄷ.

단어 숙어

physical 형 신체의, 육체의
exercise 명 운동, 연습
develop 동 개발하다, 발달시키다
muscle 명 근, 근육
program 명 프로그램, 진행 순서
lost 형 (경기 등에서) 진, 잃은, 분실한
score 명 스코어, 점수, 득점
tie 동 (a tie) 무승부가 되다, 동점이 되다

TV

* Which program do you like most?
위취 프로그램 두 유 라잌 모스ㅌ?
어떤 프로그램을 가장 좋아하세요?

* What's on at 10pm tonight?
왓ㅊ 언 앳 텐 피엠 투나잇?
오늘 저녁 10시에 무슨 프로그램 해?

* Do you watch TV a lot? TV 자주 보세요?
두 유 워취 티뷔 얼랏?

* Could you turn on the TV? 티비 좀 켜주시겠어요?
쿠쥬 턴 언 더 티뷔?

* I enjoy soaps most. 저는 드라마를 제일 좋아합니다.
아이 인죠이 쏩ㅅ 모스ㅌ.

★ **soap** : 비누. 미국에서는 주부 취향의 라디오 · 텔레비전 연속극을 주로 비누 회사가 스폰서였다는 데서 연속극을 'soap opera' 또는 'soap drama' 라고 하는데, 이것을 줄여서 'soap' 이라고도 씁니다.

* I watch the drama everyday. 저는 그 드라마 매일 봅니다.
아이 워취 더 드라마 에브뤼데이.

* I like watching soap operas. 나는 연속극을 좋아합니다.
아이 라잌 워췽 쏩 오프라ㅅ.

* I don't like watching TV. 나는 티비 별로 안 좋아해.
아이 돈 라잌 워췽 티뷔.

단어 숙어

turn on (반 : turn off) 켜다
enjoy 동 즐기다
most 형 가장 큰, 대개의 명 최대량
soap 명 비누

* I don't watch TV much. 저는 TV를 많이 안 보는 편입니다.
아이 돈 워치 티븨 머취.

* Watching TV is just wasting time.
워칭 티븨 이ㅈ 져스ㅌ 웨이스팅 타임.
TV 보는 건 시간 낭비일 뿐이야.

* I don't want to miss the show.
아이 돈 원 투 미ㅅ 더 쇼우.
저는 그 쇼를 놓치고 싶지 않습니다.

* I'm so glad the show will be rerun today.
아임 쏘우 글랫 더 쑈우 윌 비 뤼런 투데이.
오늘 그 프로를 재방송해서 다행이야.

취미·특기

* What are you usually doing when you have time?
왓 아ㄹ- 유 유쥬얼리 두잉 웬 유 해ㅂ 타임?
여가시간에 주로 뭐하세요?

= How do you spend your leisure time?
하우 두 유 스펜ㄷ 유어ㄹ- 레줘ㄹ 타임?

= Do you have any hobbies?
두 유 해ㅂ 에니 하비ㅅ?

= What is your hobby?
왓 이ㅈ 유어ㄹ- 하비?

* Are you fond of golf? 골프를 좋아하십니까?
아ㄹ- 유 펀더ㅂ 골ㅍ?

단어 숙어

wasting 동 (waste) 낭비하다
miss 동 놓치다
rerun 동 재방송하다
usually 부 대개, 보통
spend 동 보내다, 소비하다
leisure 명 여가
hobbies (hobby) 명 취미
be fond of ~ ~을 좋아하다

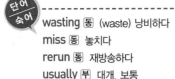

* Do you play any musical instruments?
두 유 플레이 에니 뮤지컬 인스트루먼츠?
악기 다룰 줄 아세요?

* What is your speciality?
왓 이ㅈ 유어ㄹ- 스페셜리티?
특기가 무엇입니까?

* I play the piano.
아이 플레이 더 피애노.
저는 피아노를 칩니다.

★ 악기 앞에는 항상 'the'를 붙입니다.

ex) My father gave me the violin. 아버지께서 바이얼린을 주셨습니다.
마이 퐈더ㄹ 게이ㅂ 미 더 봐이얼린.

* I like fishing.
아이 라잌 퓌쉬.
저는 낚시를 좋아합니다.

* My husband goes fishing every Sunday.
마이 허스번ㄷ 고우ㅅ 퓌쉬 에브뤼 썬데이.
저희 남편은 매주 일요일이면 낚시를 하러 갑니다.

* I have a keen interest in collecting stamps.
아이 해뷔 킨 인터퀘스ㅌ 인 컬렉팅 스탬프ㅅ.
저는 우표 수집에 많은 관심이 있습니다.

* My hobby is reading books.
마이 하비 이ㅈ 뤼딩 북ㅅ.
저는 취미가 독서입니다.

= I like reading books.
아이 라잌 뤼딩 북ㅅ.

단어 숙어

musical instrument 악기
every 형 모든, 모두(의)
husband 명 남편
fishing 명 낚시질, 어업
keen 형 열심인, 열중한
collect 동 수집하다, 모으다
stamp 명 우표 동 날인하다, 우표를 붙이다
hobby 명 취미

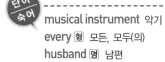

* I don't have any particular hobbies.
아이 돈 해ㅂ 에니 퍼티큘러ㄹ 하비ㅅ.
저는 특별히 취미가 없습니다.

* I like climbing.
아이 라잌 클라이밍.
저는 등산을 좋아합니다.

* I often go climbing with my family.
아이 오픈 고우 클라이밍 윗 마이 퐤믈리.
저는 가족과 등산을 자주 갑니다.

* I'm good at playing computer games.
아임 굿 앳 플레잉 컴퓨더ㄹ 게임ㅅ.
저는 컴퓨터 게임을 잘 합니다.

단어 숙어

particular 형 특별한, 특정한
hobbies (hobby) 명 취미
climb 동 오르다, 등반하다
computer 명 컴퓨터ㄹ

각종 스포츠

* badminton 배드민턴 배드민턴	* marathon 마라톤 매러톤
* baseball 야구 베이스볼	* ping-pong 탁구 핑-퐁
* basketball 농구 바스킷볼	* skating 스케이트 스케이딩
* bowling 볼링 보울링	* ski 스키 스키
* fishing 낚시 퓌슁	* soccer 축구 싸커ㄹ
* rafting 래프팅 뢔프팅	* surfing 서핑 써ㄹ퓡
* football 미식축구 풋볼	* swimming 수영 스위밍
* golf 골프 골ㅍ	* tennis 테니스 테니ㅅ
* volleyball 배구 봘리볼	* mountaineering 등산 마운터니어링

Chapter 10

출국·입국

- ★ 항공권 구입
- ★ 출국
- ★ 기내
- ★ 면세품 구입
- ★ 입국
- ★ 짐 찾기
- ★ 공항 관련 단어

10 출국·입국 departure·entrance

Dialogue

A : Can I help you? 도와드릴까요?
캔 아이 헬ㅍ 유?

B : Hi. 안녕하세요.
하이.

I would like to check in for flight
아이 웃 라잌 투 첵 인 포ㄹ– 플라잇

222 to Vancouver. 밴쿠버행 222편을 수속하고 싶습니다.
투투투 투 밴쿠붜ㄹ.

A : May I see your ticket, please? 티켓을 보여주시겠습니까?
메이 아이 씨 유어ㄹ– 티킷, 플리ㅈ?

B : I would prefer to have an aisle seat, please.
아이 웃 프리풔ㄹ 투 해뷘 아일 씻, 플리ㅈ.
통로 쪽 자리에 앉고 싶은데요.

항공권 구입

* I'd like to make a reservation for a flight to
아이들 라잌 투 메이커 뤠져붸이션 포ㄹ– 어 플라잇 투

Bangkok. 방콕행 비행기를 예약하고 싶습니다.
뱅콕.

단어 숙어

check in 탑승 수속
flight 명 항공편
prefer 동 오히려 …을 좋아하다
aisle 명 복도, 통로
seat 명 좌석
reservation 명 예약, 보류

* How much is a round trip to Bangkok?
하우 머취 이ㅈ 어 롸운ㄷ 트륍 투 뱅콕?
방콕까지 왕복 얼마입니까?

★ how much : 얼마, 어느 정도
물건의 값을 물을 때 주로 많이 쓰이지만 그 밖에 다른 뜻으로도 쓰입니다.

ex) How much is the scarf? 이 스카프 얼마입니까?
하우 머취 이ㅈ 더 스카ㄹ프?

How much is it? 이거 얼마예요?
하우 머취 이ㅈ잇?

How much do you love me? 나 얼마나 사랑해?
하우 머취 두 유 러ㅂ 미?

How much do I have to wait? 내가 얼마나 기다려야 해?
하우 머취 두아이 해브 투 웨잇?

* What's the round trip business class fare to LA?
왓ㅊ 더 롸운ㄷ 트륍 비즈니ㅅ 클래ㅅ 풰어ㄹ 투 엘에이?
LA까지 비즈니스 왕복 요금은 얼마입니까?

* Is there any way I can get a free upgrade from business class to first class?
이ㅈ 데어ㄹ 에니 웨이 아이 캔 겟 어 프뤼 업그뤠이ㄷ 프뤔 비즈니ㅅ 클래ㅅ 투 풔ㄹ스ㅌ 클래ㅅ?
비즈니스석에서 일등석으로 무료 업그레이드 받는 방법은 없습니까?

* Do you have a special fair for children?
두 유 해붜 스페셜 풰어ㄹ 포ㄹ– 췰드뤈?
어린이는 특별 할인요금이 따로 없습니까?

단어 숙어

round trip 명 왕복(반 one way 편도)
business 명 업무, 시업, 일
class 명 부류, 반
business class 비즈니스석
first class 일등석
fare 명 요금
free 형 ~이 없는, ~을 면한
upgrade 명 신판, 개량형, 상승, 향상

* Do you have any aisle seats left?
두 유 해ㅂ 에니 아일 씻ㅊ 레프ㅌ?
통로 쪽으로 남아 있는 자리가 있습니까?

* Please check other airlines.
플리ㅈ 췍 어더ㄹ 에어ㄹ라인ㅈ.
다른 회사 항공편을 확인해 주십시오.

* How frequent are the flights?
하우 프뤼퀀ㅌ 아ㄹ- 더 플라잇ㅊ?
얼마나 자주 항공편이 있습니까?

* I'd like to confirm my reservation.
아이들 라잌 투 컨풔ㄹ엄 마이 뤠져붸이션.
예약을 한 번 확인하고 싶습니다.

* I'm calling to cancel my reservation.
아임 컬링 투 캔슬 마이 뤠져붸이션.
예약을 취소하려고요.

* I want to change my reservation.
아이 원 투 췌인쥐 마이 뤠져붸이션.
예약을 변경하고 싶습니다.

* Will you be flying one way or taking a round trip?
윌 유 비 플라잉 원 웨이 오어ㄹ 테이킹 어 롸운ㄷ 트륍?
편도, 왕복 중 어느 것으로 예약하시겠습니까?

* The flight is fully booked.
더 플라잇 이ㅈ 풀리 북ㅌ.
그 항공편은 예약이 모두 끝났습니다.

단어 숙어

airline 명 항공회사
frequent 형 빈번한, 자주 일어나는
confirm 동 확인하다, 확실하게 하다
fully 부 충분히, 완전히

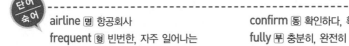

* You are confirmed on flight 101.
유 아ㄹ- 컨풔ㄹ엄ㄷ 언 플라잇 원지로원.
101편으로 예약이 확인되셨습니다.

* The ticket must be purchased by 5 p.m. on
더 티킷 머스ㅌ 비 퍼ㄹ춰스ㅌ 바이 퐈이브 피엠 언
March 15th. 항공권은 3월 15일까지 구입하셔야 합니다.
마ㄹ취 퓝틴ㅅ.

출국

* I want to make sure what time it is leaving.
아이 원 투 메잌 슈어ㄹ 왓 타임 잇이ㅈ 리뷩.
몇 시에 출발하는지 확인하고 싶습니다.

* How much is the excess baggage charge?
하우 머취 이ㅈ 디 익쎄ㅅ 배기쥐 촤ㄹ-쥐?
짐 초과분에 대한 요금은 얼마입니까?

* When is boarding time? 탑승 시작은 몇 시입니까?
웬 이ㅈ 보ㄹ-딩 타임?

* Where is the departure gate?
웨어ㄹ 이ㅈ 더 디파ㄹ춰ㄹ 게잇?
출발 게이트는 어디에 있습니까?

* Is this the right gate for going to L.A.?
이ㅈ 디ㅅ 더 롸잇 게잇 포ㄹ- 고우잉 투 엘에이?
L.A.로 가는 게이트가 맞습니까?

단어 숙어

purchase 동 사다, 구입하다
make sure 확실히 하다
excess 명 초과, 초과량
baggage 명 짐
charge 동 부담시키다, 청구하다
boarding 명 승선, 승차, 탑승
departure 명 출발
gate 명 문

* Where is the Korean airline counter?
웨어ㄹ 이ㅈ 더 코뤼언 에어ㄹ라인 카운터ㄹ?
코리안 항공사 카운터는 어디에 있습니까?

* What is the check-in time for the flight?
왓 이ㅈ 더 췌킨 타임 포ㄹ- 더 플라잇?
탑승 수속은 몇 시에 시작합니까?

* How long will it be delayed? 얼마나 지연됩니까?
하우 롱 윌 잇 비 딜레이ㄷ?

* Your flight is 30 minutes late.
유어ㄹ- 플라잇 이ㅈ 써ㄹ디 미닛ㅊ 레잇.
손님이 타실 항공은 30분이 지연되고 있습니다.

* Would you show me your boarding pass, please?
우쥬 쇼우 미 유어ㄹ- 보ㄹ-딩 패스, 플리ㅈ?
탑승권 좀 보여 주시겠습니까?

* May I see your passport, please? 여권 좀 봐도 될까요?
메이 아이 씨 유어ㄹ- 패스포ㄹㅌ, 플리ㅈ?

○○ 기내

* I'd like a window seat. 창가 자리로 주세요.
아이들 라이커 윈도우 씻.

* I am looking for my seat. 제 좌석을 찾고 있습니다.
아이 앰 룩킹 포ㄹ- 마이 씻.

* I think this is my seat. 여기가 제 자리인 것 같은데요.
아이 씽크 디ㅅ 이ㅈ 마이 씻.

단어 숙어

delay 동 늦추다, 미루다, 연기하다
late 형 늦은
boarding pass 탑승권
passport 명 여권

* Excuse me, Can I have a glass of water?
익스큐ㅈ 미, 캔 아이 해붜 글래스 어ㅂ 워더ㄹ?
실례지만, 물 한 잔 주시겠어요?

* Please show me how to fasten this belt.
플리ㅈ 쇼우 미 하우 투 패슨 디ㅅ 벨ㅌ.
안전벨트 매는 방법 좀 알려주세요.

* My seat belt is stuck.
마이 씻 벨ㅌ 이ㅈ 스턱.
좌석 벨트가 풀리지 않습니다.

* Can I use a lavatory now?
캔 아이 유스 어 레붜토뤼 나우?
이제 화장실에 가도 됩니까?

* My friend and I were assigned separate seats.
마이 프렌ㄷ 앤 아이 워ㄹ 어싸인ㄷ 세퍼뤠잇 씻ㅊ.
친구와 자리가 떨어졌습니다.

* Do you have any black tea?
두 유 해ㅂ 에니 블랙 티?
홍차 좀 주시겠어요?

= Can you get me a black tea?
캔 유 겟 미 어 블랙 티?

* Can I have another one?
캔 아이 해ㅂ 어나더ㄹ 원?
한 잔 더 주시겠습니까?

* Do you have anything to read?
두 유 해ㅂ 에니씽 투 뤼ㄷ?
혹시 읽을 것 좀 있습니까?

단어 숙어

fasten 동 묶다, 매다, 고정시키다
stuck 동 (stick의 과거분사)못 움직이게 되다
lavatory 명 세면장, 화장실
assign 동 할당하다, 배당하다
black 형 검은, 흑색의
tea 명 차 (black tea 홍차)

* I'd like some newspapers. 신문 좀 주십시오.
아이들 라잌 썸 뉴스페이퍼ㄹㅅ.

* I would like some ear phones for the movie.
아이 웃 라잌 썸 이어ㄹ 폰ㅅ 포ㄹ- 더 무뷔.
영화 청취 이어폰을 받고 싶습니다.

* May I put my seat back? 의자를 뒤로 젖혀도 되겠습니까?
메이 아이 풋 마이 씻 백?

* I'm bothered by the noise of the children sitting
아임 바더ㄹㄷ 바이 더 노이ㅈ 어ㅂ 더 췰드뤈 씨팅
behind me. 뒷자리의 아이들 때문에 시끄럽습니다.
비하인ㄷ 미.

* Could I change seats? 자리를 바꾸어 앉아도 됩니까?
쿠ㄷ 아이 췌인쥐 씻ㅊ?

* I'm afraid I'm getting sick. 토할 것 같은데요.
아임 어프뤠이ㄷ 아임 게딩 씩.

= I feel like throwing up.
아이 퓔 라잌 쓰로잉 업.

★ I'm afraid는 '유감스럽게 생각하다, 걱정이 되다, 근심이 되다' 라는 뜻으로 쓰이며, 굳이 해석할 필요는 없고 부정적인 표현의 앞에 붙이면 말투를 부드럽게 만들어 주는 역할을 합니다.

ex) I'm afraid I can't help you. (미안하지만) 도와줄 수가 없겠는걸.
아임 어프뤠이ㄷ 아이 캔 헬퓨.

I'm afraid (that) I have to work at night. 저녁까지 일을 해야 할 것 같아.
아임 어프뤠이ㄷ 댓 아이 해브 투 워ㄹ크 앳 나잇.

단어 숙어

newspaper 명 신문
ear 명 귀
phone 명 전화기, 수화기
noise 명 소음
behind 부 뒤에, 후방에
get sick 싫증이 나다, 멀미하다
afraid 형 두려워하여, 걱정하여
throw up 심하게 토하다

* Do you have an airsickness bag? 멀미용 백 있습니까?
두 유 해뷔 에어ㄹ씩니스 백?

* May I have slippers, please? 슬리퍼 좀 주시겠습니까?
메이 아이 해ㅂ 슬리퍼ㄹㅅ, 플리ㅈ?

* Could you bring me a blanket, please?
쿠쥬 브륑 미 어 블랭킷, 플리ㅈ?
담요 한 장만 가져가 주시겠어요?

★ May I, Could you, Do you have 등의 표현은 무언가를 정중히 부탁할 때 쓰이는 표현으로, 세 가지 중 아무 표현을 사용해도 내용은 같습니다.

ex) May I have a pillow? 베개 좀 주시겠습니까?
메이 아이 해붜 필로우?
= Could you bring me a pillow?
쿠쥬 브륑 미 어 필로우?
= Do you have a pillow?
두 유 해붜 필로우?

* Welcome aboard. 탑승하신 것을 환영합니다.
웰컴 어보ㄹㄷ.

* May I help you find your seat?
메이 아이 헬퓨 퐈인ㄷ 유어ㄹ- 씻?
자리 찾으시는 것 도와드릴까요?

* May I see your boarding pass, please?
메이 아이 씨 유어ㄹ- 보ㄹ딩 패ㅅ, 플리ㅈ?
탑승권을 보여주시겠습니까?

단어 숙어

airsickness 명 비행기 멀미
slippers 명 슬리퍼
bring 동 가져오다
blanket 명 담요
pillow 명 베개
aboard 부 (비행기, 배 등을) 타고
find 동 찾다
boarding pass 탑승권

* This way, please. 이쪽으로 오십시오.
디ㅅ 웨이, 플리ㅈ.

* Would you mind fastening your seat belt, please?
우쥬 마인ㄷ 패스닝 유어ㄹ- 씻 벨ㅌ, 플리ㅈ?
안전띠를 매주시겠습니까?

* We have coffee, tea, milk, beer and orange juice.
위 해ㅂ 커퓌, 티, 밀ㅋ, 비어ㄹ 앤 어륀쥐 쥬ㅅ.
커피, 홍차, 우유, 맥주, 오렌지 주스가 있습니다.

* Would you care for something to drink?
우쥬 케어ㄹ 포ㄹ- 썸씽 투 드륑ㅋ?
마실 것 좀 드릴까요?

* I'll get it for you right now. 바로 가져다 드리겠습니다.
알 겟 잇 포ㄹ- 유 롸잇 나우.

* If you need anything during the flight,
이퓨 닛 에니씽 듀륑 더 플라잇,

please let us know. 필요하신 게 있으시면 알려주십시오.
플리ㅈ 렛 어ㅅ 노우.

* Please put your seat back in the upright position.
플리ㅈ 푸츄어 씻 백 인 디 업롸잇 포지션.
좌석 등받이를 제자리로 해주십시오.

* We will be taking off shortly. 곧 이륙하겠습니다.
위 윌 비 테이킹 어ㅍ 숏리.

단어 숙어

fastening 명 죔, 잠금
care for …하고 싶어하다
during 전 ~동안
know 동 알다
land 동 착륙하다
upright 형 똑바로 선, 직립의
position 명 위치
shortly 부 이내, 곧

* When will we arrive? 언제 도착합니까?
웬 윌 위 어롸이ㅂ?

* We'll be landing in about 15 minutes.
윌 비 랜딩 인 어바웃 핍틴 미닛ㅊ.
15분 후면 착륙하겠습니다.

* Our plane arrived ten minutes behind schedule.
아워 플레인 어롸이브ㄷ 텐 미닛ㅊ 비하인ㄷ 스케쥴.
비행기가 10분 연착했습니다.

면세품 구입

* Do you sell tax-free goods on board?
두 유 셀 택ㅅ-프뤼 굿ㅅ 언 보ㄹ-ㄷ?
기내에서 면세품 판매합니까?

* What kind of alcohol do you have?
왓 카인더ㅂ 앨ㅋ올 두 유 해ㅂ?
어떤 종류의 술들이 있습니까?

* How many bottles can I take duty-free?
하우 메니 바틀ㅅ 캔 아이 테잌 듀디-프뤼?
몇 병까지 면세를 받을 수 있습니까?

* I'd like to buy one bottle of it. 그거 한 병 사고 싶은데요.
아이들 라잌 투 바이 원 바틀 어빗.

단어 숙어

arrive 동 도착하다
about 부 약, ~경, 대략
plane 명 비행기
schedule 명 일정, 계획, 스케줄
sell 동 팔다
tax-free 면세
goods 명 상품, 물건(단수로는 쓰이지 않음)
bottle 명 병

* Do you have a digital camera? 디지털 카메라 있습니까?
두 유 해뷔 디쥐덜 캐므러?

* May I see it? 봐도 될까요?
메이 아이 씨 잇?

* Would you show me the watch, please?
우쥬 쇼우 미 더 워취, 플리ㅈ?
시계 좀 보여주시겠어요?

* I'll take this one, please. 이것으로 하겠습니다.
알 테잌 디ㅅ 원, 플리즈.

* Would you get me a list of duty-free goods?
우쥬 겟 미 어리스ㅌ어ㅂ 듀디-프뤼 굿ㅅ?
면세품 리스트 한 장 주시겠습니까?

* May I pay in dollars? 달러로 계산해도 됩니까?
메이 아이 페이 인 달러ㄹㅅ?

* How much is it? 얼마입니까?
하우 머취 이ㅈ잇?

입국

* Did you fill out your entry (departure : 출국) form?
디쥬 퓔 아웃 유어ㄹ- 엔트뤼 디파ㄹ춰ㄹ 풔ㄹ옴?
입국(출국) 신고서 작성하셨습니까?

단어 숙어

digital 형 디지털 방식의
camera 명 카메라
show 동 보여주다
watch 명 손목시계
list 명 명단
fill out 여백을 메우다
entry 명 입장
form 명 (기입)용지

* Please, fill out your immigration form.
플리ㅈ, 퓔 아웃 유어ㄹ- 이미그뤠이션 풔ㄹ옴.
입국 카드를 작성해 주세요.

* May I have an immigration form?
메이 아이 해붠 이미그뤠이션 풔ㄹ옴?
입국 카드를 얻을 수 있을까요?

* May I use your pen?
메이 아이 유ㅈ 유어ㄹ- 펜?
펜 좀 빌릴 수 있을까요?

* Could you tell me how to fill out this form?
쿠쥬 텔 미 하우 투 퓔 아웃 디ㅅ 풔ㄹ옴.
이 서식을 어떻게 써야 합니까?

* Would you help me with this, please?
우쥬 헬ㅍ 미 윗 디ㅅ, 플리ㅈ?
이것 좀 도와주시겠습니까?

★ 상대방에게 여러 가지 의미로 도움을 요청할 때 쓰이는 표현입니다.

ex) Would you help me with this? It is too heavy.
우쥬 헬ㅍ 미 윗 디ㅅ? 잇이ㅈ투- 헤뷔.
이것 좀 도와줄래요? 너무 무거워서요.

* What should I write here?
왓 슈ㄷ 아이 롸잇 히어ㄹ?
여기에 무엇을 써야 합니까?

* Would you check if I filled this out correctly?
우쥬 췌키프 아이 퓔ㄷ 디ㅅ 아웃 커뤡틀리?
제가 맞게 썼는지 좀 확인해 주시겠습니까?

단어 숙어

immigration form 입국 카드
use 동 사용하다
write 동 쓰다
correctly 부 바르게, 정확하게

* Your passport, please. 여권 좀 보여주십시오.
유어ㄹ- 패스포ㄹㅌ, 플리ㅈ.

* What's your purpose of visit here?
왓ㅊ 유어ㄹ- 퍼ㄹ포ㅈ 어ㅂ 뷔짓 히어ㄹ?
여행 목적은 무엇입니까?

* How long do you plan to stay here?
하우 롱 두 유 플랜 투 스테이 히어ㄹ?
얼마나 머무실 예정이십니까?

= How long are you staying here
하우 롱 아ㄹ- 유 스테잉 히어ㄹ?

* Do you have a return ticket?
두 유 해뷔 뤼터ㄹ언 티킷?
돌아가는 항공권은 구입하셨습니까?

* On vacation. 여행 왔습니다.
언 붸케이션.

* On business. 출장 왔습니다.
언 비즈니ㅅ.

* I came here to study at a language school.
아이 케임 히어ㄹ 투 스터디 앳 어 랭귀쥐 스쿨.
어학 연수를 받으러 왔습니다.

단어 숙어

purpose 명 목적
visit 명 방문
plan 명 계획 동 계획하다
passport 명 여권
purpose 명 목적
stay 동 머무르다
return 동 돌아오다
vacatoin 명 정기 휴가, 여행
study 동 공부하다
language 명 말, 언어
school 명 학교

* Visiting my sister. 언니를 만나러 왔습니다.
뷔지딩 마이 씨스터ㄹ.

* I will stay at my sister's house.
아이 윌 스테이 앳 마이 씨스터ㄹㅅ 하우ㅅ.
언니의 집에 머무를 예정입니다.

* I haven't decided yet. 아직 결정 못했습니다.
아이 해븐 디싸이디ㄷ 옛.

* I will stay at a hotel downtown.
아이 윌 스테이 앳 어 호텔 다운타운.
시내의 호텔에 머무를 예정입니다.

* I have nothing to declare. 신고할 물건은 없습니다.
아이 해ㅂ 낫씽 투 디클레어ㄹ.

짐 찾기

* I need to get my baggage. 짐을 먼저 찾아야겠어요.
아이 닛 투 겟 마이 배기쥐.

* Where can I find a luggage cart?
웨어ㄹ 캔 아이 파인ㄷ 어 러기쥐 카ㄹㅌ?
짐수레는 어디서 찾을 수 있습니까?

* Where can I get my baggage?
웨어ㄹ 캔 아이 겟 마이 배기쥐?
짐은 어디서 찾을 수 있습니까?

단어 숙어

house 명 집
decid 명 도심지, 중심가
downtown 명 도심지, 중심가
declare 동 밝히다, 신고하다
baggage 명 짐
luggage 명 여행 가방

공항 관련 단어

* arrival gate 입국 입구
어롸이붤 게잇
* baggage · luggage 화물
배기쥐 러기쥐
* boarding gate 탑승 입구
보ㄹ-딩 게잇
* connecting flight 환승 비행기
커넥팅 플라잇
* departure gate 출국 입구
디파ㄹ춰ㄹ 게잇
* immigration 입국 심사
이미그뤠이션
* money exchange 환전소
머니 익스췌인쥐
* now boarding 탑승 수속중
나우 보ㄹ-딩
* duty-free shop 면세점
듀디-프뤼 샵
* on time 정시에
언 타임
* stand by 대기
스탠바이
* domestic 국내선
도메스틱
* delayed 지연
딜레이ㄷ
* customs 세관
커스텀ㅅ
* baggage · luggage 화물
배기쥐 러기쥐

단어 숙어

arrival 명 도착, 도착물
connecting 동 (connect)잇다, 연결하다
exchange 동 교환하다, 주고 받다
domestic 형 국내의, 가정의 명 하인
delay 명 지연 동 늦추다, 미루다
customs 명 세관, 통관 수속

Chapter 11

관광

★ 호텔 · 유스호스텔

★ 관광 안내소

★ 관광

★ 영어 표현 – 동의를 나타내는 여러 가지 표현

★ 영어 표현 – 부정에 대한 여러 가지 표현

11 관광 tour

Dialogue

A : When is your summer vacation?
웬 이ㅈ 유어ㄹ- 써머ㄹ- 붸케이션?
여름휴가는 언제로 잡으셨어요?

B : It will be the last week of July. 7월 마지막 주예요.
잇 윌 비 더 라스ㅌ 윅 어ㅂ 줄라이.

A : Do you have any plan during the vacation?
두 유 해ㅂ 에니 플랜 듀링 더 붸케이션?
휴가 기간 동안 무슨 계획이 있으세요?

B : I don't know yet. 아직 잘 모르겠어요.
아이 돈 노우 옛.
But I guess I will go on a tour with my family.
벗 아이 게ㅅ 아이 윌 고우 언 어 투어ㄹ- 윗 마이 쾌믈리.
하지만 아마 가족들과 여행을 갈것 같아요.

호텔·유스호스텔

* I'd like a single room. 일인용 방을 원합니다.
아이들 라잌커 씽글 룸.

* I'd like a room with a bath. 목욕탕 딸린 방을 원합니다.
아이들 라잌커 룸 위더 배쓰.

단어 숙어

tour 명 투어, 관광 여행
summer 명 여름
vacation 명 정기 휴가
July 명 7월
during 전 …동안(내내), …사이에
week 명 주
family 명 가족 형 가족의
bath 명 목욕탕, 목욕

* Is there anything cheaper? 더 싼 것은 없습니까?
이ㅈ 데어ㄹ 에니씽 취퍼ㄹ?

* Would you please show me a better room?
우쥬 플리ㅈ 쇼우 미 어 베더ㄹ 룸?
더 좋은 방을 보여 주십시오.

* I'd like to have a room facing the sea.
아이들 라읶 투 해붜 룸 풰이씽 더 씨.
바다를 마주보는 방으로 하고 싶습니다.

* This room will do all right. 이 방이 마음에 듭니다.
디ㅅ 룸 윌 두 올 롸잇.

* Can you keep these valuables for me in the
캔 유 킵 디ㅈ 밸류어블ㅅ 포ㄹ- 미 인 더
hotel safe? 제 귀중품을 맡아 주실 수 있습니까?
호텔 세이ㅍ?

* Where do I check my valuables?
웨어ㄹ 두 아이 첵 마이 밸류어블ㅅ?
귀중품은 어디에 둡니까?

* When do you serve meals? 식사는 몇 시에 합니까?
웬 두 유 써ㄹ브 밀ㅅ?

= At what time are meals served?
앳 왓 타임 아ㄹ- 밀ㅅ 써ㄹ브ㄷ?

단어 숙어

extra 형 여분의
bed 명 침대
vacancy 명 빈방
price 명 가격
included 형 ~을 포함하여, ~을 넣어서
facing 명 (집의) …향

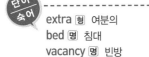

* Do you have a laundry service?
두 유 해붜 런드뤼 써ㄹ뷔스?
세탁물 서비스를 받을 수 있습니까?

* I'd like to have these suits dry-cleaned.
아이들라잌 투 해ㅂ 디ㅈ 숫ㅊ 드롸이-클린ㄷ.
이 정장들 드라이클리닝 좀 부탁합니다.

* Would you iron these clothes for me?
우쥬 아이언 디ㅈ 클로ㅅ 포ㄹ- 미?
이 옷들 좀 다려주시겠어요?

★ iron : 다림질하다 여기에서 'r'은 묵음으로 발음을 하지 않습니다.

* Can I have breakfast in my room?
캔 아이 해ㅂ 브뤡풔ㄹ스ㅌ 인 마이 룸?
내 방에서 아침 식사할 수 있습니까?

* Room service, please.
룸 써ㄹ뷔ㅅ, 플리ㅈ.
룸서비스 부탁합니다.

* Would you please wake me up at 7?
우쥬 플리ㅈ 웨잌 미 업 앳 쎄븐?
7시에 깨워 주시겠습니까?

* I think I left my key in the room.
아이 씽ㅋ 아이 레프ㅌ 마이 키 인 더 룸.
방에 열쇠를 두고 나온 것 같습니다.

= I'm locked out of my room.
아임 락ㅌ 아웃 어ㅂ 마이 룸.

단어 숙어

breakfast 명 아침 식사
cheap (cheaper) 형 값이 싼
valuable 명 귀중품
laundry 명 세탁물, 세탁소
dry-clean 드라이클리닝하다
iron 동 다림질하다
wake A up A를 깨우다
key 명 열쇠

★ I'm locked out of my room. 직역하면 방 밖에 감금되었습니다. '키를 방 안에 두고 나와 방으로 들어갈 수가 없다'는 표현이 되겠습니다.

* I'd like to change my room. 방을 바꾸고 싶습니다.
아이들 라잌 투 췌인쥐 마이 룸.

* I'd like to extend my stay for a few days.
아이들 라잌 투 익스텐ㄷ 마이 스테이 포ㄹ-어 퓨- 데이ㅅ.
며칠 더 머물고 싶습니다.

* I'm leaving tomorrow. 내일 떠납니다.
아임 리빙 터마뤄우.

* When do I have to vacate the room?
웬 두 아이 해ㅂ 투 붸이케잇 더 룸?
언제 방을 비워야 합니까?

* Welcome to our hotel. 어서 오십시오.
웰컴 투 아워ㄹ 호텔.

* Would you fill in the registration form, please?
우쥬 퓔 인 더 뤠지스트뤠이션 포ㄹ옴, 플리ㅈ?
숙박 카드 좀 기입해 주시겠습니까?

* What kind of room would you like to have?
왓 카인더ㅂ 룸 우쥬 라잌 투 해ㅂ?
어떤 방을 원하십니까?

* Do you have a single room? 독방 하나 있습니까?
두 유 해뷔 씽글 룸?

단어 숙어

better 형 보다 좋은, 보다 나은
face (facing) 동 마주 보다
extend 동 연장하다
vacate 동 비우다
welcome 동 환영하다
registration 동 환영하다
single 형 1인용의
room 명 방

* We need one double room with an extra bed.
위 닛 원 더블 룸 위던 엑스트롸 베ㄷ.
우리는 여분의 침대가 하나 더 있는 더블룸을 원합니다.

* Do you have a double room for tonight?
두 유 해뷔 더블 룸 포ㄹ- 투나잇?
오늘 밤에 묵을 방이 있습니까?

* Are there any vacancies? 빈 방이 있습니까?
아ㄹ- 데어ㄹ 에니 붸이컨시ㅈ?

* We have a nice and quiet room with a view.
위 해뷔 나이ㅅ 앤 콰이엇 룸 위더 뷰-.
전망 좋은 조용하고 깨끗한 방이 있습니다.

* What is the price of a room for a day?
왓 이ㅈ 더 프롸이ㅅ어ㅂ 어 룸 포ㄹ-어 데이?
1일 숙박료는 얼마입니까?

* Is the service charge included? 봉사료가 포함되었습니까?
이ㅈ 더 써ㄹ뷔ㅅ 촤ㄹ-쥐 인클루디ㄷ?

* How much for a room including breakfast?
하우 머취 포ㄹ-어 룸 인클루딩 브뤡풔ㄹ스ㅌ?
아침식사가 포함된 방은 얼마입니까?

* Is breakfast included? 아침 식사가 포함되었습니까?
이ㅈ 브뤡풔ㄹ스ㅌ 인클루디ㄷ?

단어 숙어

double 형 2인용의
extra 형 여분의
quiet 형 조용한
view 명 전망
price 명 값, 가격
service charge 봉사료
include 동 포함하다, 넣다
breakfast 명 아침 식사

* I hope you enjoy your stay in our hotel.
아이 홉 유 인죠이 유어ㄹ- 스테이 인 아워ㄹ 호텔.
저희 호텔에서 편하게 지내십시오.

* I'm sorry, we're all booked up.
아임 쏘뤼, 워ㄹ 올 북덥.
죄송하지만 빈 방이 없습니다.

= I'm sorry, we have no vacancies.
아임 소뤼, 위 해ㅂ 노우 붸이컨씨ㅈ.

관광 안내소

* This is my first visit.
디ㅅ 이ㅈ 마이 풔ㄹ스ㅌ 뷔짓.
이번이 처음 방문입니다.

* Where is the tourist information center?
웨어ㄹ 이ㅈ 더 투어뤼스ㅌ 인풔메이션 쎈터ㄹ?
관광 안내서는 어디에 있습니까?

* Do you have a Korean language brochure?
두 유 해붜 코뤼언 랭귀쥐 브뤄셔ㄹ?
한국어 팜플릿 있습니까?

* Excuse me, may I get a map of the town?
익스큐ㅈ 미, 메이 아이 겟 어 맵 어ㅂ 더 타운?
실례지만, 이 도시의 지도 한 장 주시겠습니까?

단어 숙어

hope 명 희망
first 형 처음의
visit 동 방문하다, 찾아가다
tourist 명 여행자
information 명 정보
language 명 언어, 국어, 어법
brochure 명 브로셔, 팜플릿
map 명 지도

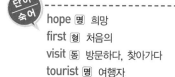

= I'd like to get this city map.
아이들 라잌 투 겟 디ㅅ 씨디ㅅ 맵.

= A sightseeing map, please.
어 싸잇씽 맵, 플리ㅈ.

* Please let me have a bus timetable.
플리ㅈ 렛 미 해붜 버ㅅ 타임테이블.
버스 시간표 좀 주십시오.

* Do you have a list of the hotels? 호텔 리스트 있으세요?
두 유 해붜 리스ㅌ어ㅂ 더 호텔ㅅ?

* Please give me a leaflet about the town.
플리ㅈ 깁 미 어 리플렛 어바웃 더 타운.
도시 안내서 한 장 주십시오.

* Are their any guide books? 관광 안내 책자 있습니까?
아ㄹ- 데어ㄹ 에니 가이ㄷ 북ㅅ?

* Can you recommend a cheap hotel?
캔 유 뤼커멘더 칩 호텔?
저렴한 호텔 좀 추천해 주시겠습니까?

* Can you recommend some interesting
캔 유 뤼커멘ㄷ 썸 인터뤠스팅
places around here?
플레이시ㅈ 어롸운ㄷ 히어ㄹ?
이 근처 재미있는 곳 좀 추천해 주시겠습니까?

단어 숙어

- **sightseeing** 명 관광
- **time table** 시간표
- **leaflet** 명 전단 광고, 전단지
- **cheap** 형 싼, 값이 싼
- **recommend** 동 추천하다
- **interesting** 형 흥미있는, 재미있는
- **around** 부 주위에, 주변에
- **here** 부 여기에

* Could you recommend a sightseeing tour?
쿠쥬 뤼커멘더 싸잇씽 투어ㄹ?
관광 코스 좀 추천해 주시겠습니까?

* What should I see in this city?
왓 슈다이 씨 인 디ㅅ 씨디?
이 도시에서는 구경할 것이 무엇입니까?

* Where is the best place to shopping?
웨어ㄹ 이ㅈ 더 베스ㅌ 플레이ㅅ 투 쇼핑?
쇼핑하기에 가장 좋은 곳은 어디입니까?

* Is there a flea market around here?
이ㅈ 데어ㄹ 어 플리 마ㄹ켓 어롸운ㄷ 히어ㄹ?
이 근처에 벼룩시장이 있습니까?

* Are there any historical sites?
아ㄹ- 데어ㄹ 에니 히스토뤼컬 싸잇ㅊ?
사적지가 있습니까?

* Would you please tell me how to get to the Ritz
우쥬 플리ㅈ 텔 미 하우 투 겟 투 더 리츠
Carlton hotel?
칼튼 호텔?
리츠 칼튼 호텔을 어떻게 가야 하는지 좀 알려주시겠습니까?

* Could you draw me a map?
쿠쥬 드로 미 어 맵?
약도 좀 그려주시겠습니까?

단어 숙어

shopping 명 물건 사기, 쇼핑
flea 명 벼룩
market 명 시장
flea market 벼룩시장
historical 형 역사적인
site 명 유적
hire 동 고용하다
draw 동 그리다

* Is it possible to hire a guide?
이ㅈ 잇 파써블 투 하이어ㄹ 어 가이ㄷ?
관광 가이드를 고용할 수 있습니까?

* I'm going to the Youth hostel now, can you tell me how to get there?
아임 고우잉 투 디 유스 호스텔 나우, 캔 유 텔 미 하우 투 겟 데어ㄹ?
유스호스텔에 가는 중인데요, 어떻게 가는지 알려주시겠습니까?

* Please recommend some nice restaurant around here.
플리ㅈ 뤼커멘ㄷ 썸 나이ㅅ 뤠스토뤈트 어롸운ㄷ 히어ㄹ.
이곳에 좋은 식당 좀 추천해 주십시오.

관광

* I'd like to visit some museum or something similar.
아이들 라잌 투 뷔짓 썸 뮤지엄 오어ㄹ 썸씽 씨밀러ㄹ.
박물관 같은 곳을 가 보고 싶습니다.

* Is there a charge for admission? 입장은 유료입니까?
이ㅈ 데어ㄹ 어 촤ㄹ쥐 포ㄹ- 어드미션?

* How much is the admission? 입장은 얼마입니까?
하우 머취 이ㅈ 더 어드미션?

단어 숙어

possible 형 가능한, 있음직한
hire 동 고용하다
restaurant 명 식당, 레스토랑
visit 동 방문하다, 찾아가다
museum 명 박물관
similar 형 비슷한
charge 동 청구하다 명 청구 금액
admission 명 입장, 허가

* How much is the ticket? 티켓은 얼마입니까?
하우 머취 이ㅈ 더 티킷?

* Can I see everything with this ticket?
캔 아이 씨 에브뤼씽 윗 디ㅅ 티킷?
이 티켓으로 모든 것을 다 볼 수 있습니까?

* Where is the ticket booth? 매표소는 어디입니까?
웨어ㄹ 이ㅈ 더 티킷 부ㅅ?

* When does the museum close?
웬 더ㅈ 더 뮤지엄 클로ㅈㄷ?
박물관은 문을 언제 닫습니까?

* May I get a free brochure?
메이 아이 겟 어 프뤼 브뤄셔ㄹ?
무료 브로셔를 얻을 수 있습니까?

* May I take some pictures of the sculptures?
메이 아이 테잌 썸 픽쳐ㄹㅅ 어ㅂ 더 스컬프쳐ㄹㅅ?
이 조각상들 사진 좀 찍어도 될까요?

* What a wonderful view! 전망이 너무나 훌륭해요!
왓 어 원더ㄹ풀 뷰-!

* What time does the show begin?
왓 타임 더ㅈ 더 쇼우 비긴?
쇼는 몇 시에 시작합니까?

단어 숙어

everything 대 무엇이든지, 모두
booth 명 노점, 매점
sculpture 명 조각
wonderful 형 멋진
view 명 전망, 전경
begin 명 시작하다

영어 표현 – 동의를 나타내는 여러 가지 표현

* I think so, too.
아이 씽 쏘우, 투–.
저도 그렇게 생각해요.

* I agree. 동의해요.
아이 어그뤼–.

* So do I. 저도 그래요.
쏘우 두아이.

* That's what I mean.
댓ㅊ 왓 아이 민–.
제 말이 그 말이에요.

* That's right. 맞아요.
댓ㅊ 롸잇.

* That sounds cool.
댓 싸운ㅅ 쿨.
멋지겠는걸요.

* Exactly. 바로 그거예요.
이그잭틀리.

* Fine. 좋아요.
퐈인.

* That sounds cool.
댓 싸운ㅅ 쿨.
멋지겠는걸요.

영어표현 – 부정에 대한 여러 가지 표현

* I don't know. 잘 모르겠어요.
아이 돈 노우.

* I'm not sure. 확실하지 않아요.
아임 낫 슈어ㄹ. 잘 모르겠네요.

* That's impossible. 불가능합니다.
댓ㅊ 임파써블.

* I don't think so.
아이 돈 씽쏘우.
나는 그렇게 생각하지 않아요.

Chapter 12

교통

★ 길을 물을 때

★ 버스 · 택시 · 승용차

★ 지하철 · 기차

★ 정비와 주유

★ 길 안내 표지판

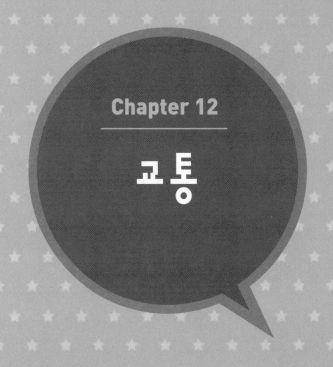

12 교통 traffic

Dialogue

A : I'm so sorry I'm late. 늦어서 정말 미안해.
요.
아임 쏘우 쏘뤼 아임 레잇.

B : It's OK. 괜찮아요.
잇ㅊ 오케이.

Any problem when you are coming?
에니 프롸블름 웬 유 아ㄹ- 커밍?
무슨 일 있었어요?

A : I took a taxi because I came out a little bit late.
아이 툭 어 택시 비커ㅈ 아이 케임 아웃 어 리들 빗 레잇.
좀 늦게 나와서 택시를 탔거든요.

B : You'd better take a subway this time.
윳 베더ㄹ 테이커 써브웨이 디ㅅ 타임.
이 시간엔 지하철을 타는 게 좋아요.

B : You're right. 맞아요.
유어ㄹ- 롸잇.

The traffic jam was terrible.
더 트래픽 잼 워ㅈ 테뤄블.
길이 정말이지 너무 막히더라고요.

단어 숙어

problem 명 문제
taxi 명 택시
subway 명 지하철
traffic 명 교통
jam 명 혼잡
traffic jam 교통 혼잡, 교통 체증

길을 물을 때

* Which way is west? 어느 방향이 서쪽입니까?
위취 웨이 이ㅈ 웨스ㅌ?

* Could you please tell me how to get there?
쿠쥬 플리ㅈ 텔 미 하우 투 겟 데어ㄹ?
거기에 어떻게 가야 하는지 좀 알려주시겠습니까?

* How long does it take by taxi? 택시로 얼마나 걸립니까?
하우 롱 더ㅈ 잇 테잌 바이 택시?

* Where is the nearest subway station?
웨어 이ㅈ 더 니어리스ㅌ 써브웨이 스테이션?
가장 가까운 지하철역이 어디입니까?

* Can I walk to the hotel from here?
캔 아이 웤 투 더 호텔 프뤔 히어ㄹ?
여기서 그 호텔까지 걸어갈 수 있습니까?

* How far is it to the department store?
하우 파ㄹ-이ㅈ잇 투 더 디파ㄹ트먼ㅌ 스토어ㄹ?
지하철역까지 거리가 얼마나 됩니까?

* Where can I find a public telephone?
웨어ㄹ 캔 아이 파인ㄷ 어 퍼블릭 텔러폰?
공중전화가 어디 있습니까?

단어 숙어

west 명 서쪽 형 서쪽의
nearest 부 (nea의 최상급)가장 가까운
station 명 정거장, 역
walk 동 걷다
department store 백화점
public 형 공중의
telephone 명 전화

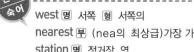

* I'm lost. 길을 잃었습니다.
아임 로스ㅌ.

* I'm looking for the Hilton Hotel.
아임 룩킹 포ㄹ- 더 힐튼 호텔.
저는 힐튼 호텔을 찾고 있습니다.

* I got lost on the way. 가는 도중에 길을 잃었습니다.
아이 갓 로스ㅌ 언 더 웨이.

* Keep going straight on. 계속 똑바로 가세요.
킵 고잉 스트뤠잇 언.

= Go straight.
고우 스트뤠잇.

* Go straight about 300m. 똑바로 300미터 정도 가십시오.
고우 스트뤠잇 어바웃 쓰리헌드뤠미더ㄹㅅ.

* It's the second street straight ahead.
잇ㅊ 더 쎄컨 스트륏 스트뤠잇 어헤ㄷ.
똑바로 가다 보면 두 번째로 마주치는 길에 있습니다.

* Turn right at the intersection. 교차로에서 우회전하세요.
터ㄹ-언 롸잇 앳 디 인터ㄹ섹션.

* Turn left at the next corner. 모퉁이에서 왼쪽으로 돌아가세요.
터ㄹ-언 레프ㅌ 앳 더 넥스ㅌ 코ㄹ너ㄹ.

* You've come too far. 지나오셨습니다.
유ㅂ 컴 투- 퐈ㄹ.

단어 숙어

lost 형 잃은, 잃어버린
straight 형 곧은, 일직선의
street 명 거리
ahead 부 전방에
turn 형 (모퉁이를) 돌다
intersection 명 횡단, 교점
corner 명 모퉁이
far 부 먼

* This is a dead-end street. 이 길은 막다른 길입니다.
  디ㅅ 이ㅈ어 덷엔ㄷ 스트륏.

* I'll show you the way. 제가 길을 안내해 드리지요.
  알 쇼우 유 더 웨이.

* I'm new around here. 저도 이곳을 잘 모릅니다.
  아임 뉴 어롸운ㄷ 히어ㄹ.

* You'd better ask someone else.
  웃 베더ㄹ 애스ㅋ 썸원 엘ㅅ.
  다른 사람에게 물어보시는 게 나을 겁니다.

★ you'd better ~하는 편이 더 낫습니다.

ex) You'd better go now. 지금 가는 편이 좋아.
유ㄷ 베더ㄹ 고우 나우.

버스·택시·승용차

* How often do the buses run? 버스가 몇 분마다 있습니까?
  하우 오픈 두 더 버시ㅈ 뤈?

* Which bus should I take? 몇 번 버스를 타야 합니까?
  위취 버ㅅ 슈다이 테잌?

* Are the buses going in that direction?
  아ㄹ- 더 버시ㅈ 고우잉 인 댓 디뤡션?
  저 버스가 그 방향으로 갑니까?

* What's the bus fare? 버스 요금은 얼마입니까?
  왓ㅊ 더 버ㅅ 풰어ㄹ?

단어/숙어

dead-end 막다름
bus 명 버스
run 동 영업하다, 달리다
direction 명 방향, 방면

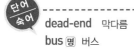

* I get off at the next stop. 다음 정류장에서 내립니다.
아이 겟 어ㅍ 앳 더 넥스ㅌ 스탑.

* Just take the bus on this side of the street.
져스ㅌ 테잌 더 버ㅅ 언 디ㅅ 싸이ㄷ어ㅂ 더 스트륏.
이쪽 편에서 버스를 타세요.

= You can take the bus here.
유 캔 테잌 더 버ㅅ 히어ㄹ.

= Just wait here for the bus.
져스ㅌ 웨잇 히어ㄹ 포ㄹ- 더 버ㅅ.

* Please get on the bus on the other side of the street.
플리ㅈ 겟 언 더 버ㅅ 온 디 어더ㄹ 싸이ㄷ어ㅂ 더 스트륏.
길 건너편에서 버스를 타세요.

= Cross the road to take the bus.
크로ㅅ 더 로ㄷ 투 테잌 더 버ㅅ.

* This is a bus-only lane. 여긴 버스전용차로입니다.
디ㅅ 이ㅈ어 버스-온리 레인.

* Will you take me to this address?
윌 유 테잌 미 투 디ㅅ 어드뤠ㅅ?
이 주소로 좀 가주시겠어요?

* I'd like to go to the central park, please.
아이드 라잌 투 고우 투 더 센트뤌 파ㄹㅋ, 플리ㅈ.
센트럴 파크로 가주세요.

* Lotte Hotel, please. 롯데호텔로 가 주세요.
롯데호텔, 플리ㅈ.

단어 숙어

cross 동 건너다
road 명 길, 도로
only 부 유일한
address 명 주소
central 형 중심의, 중앙의
park 명 공원

* Stop here, please. 여기 세워주세요.
스탑 히어ㄹ, 플리ㅈ.

= Let me off here, please.
렛 미 어ㅍ 히어ㄹ, 플리ㅈ.

* How long do you think it will take? 얼마나 걸릴까요?
하우 롱 두 유 씽ㅋ 잇 윌 테잌?

* How much is the fare? 요금은 얼마입니까?
하우 머취 이ㅈ 더 풰어ㄹ?

* Is there a car rental company near here?
이ㅈ 데어ㄹ 어 카ㄹ 뤤틀 컴퍼니 니어ㄹ 히어ㄹ?
근처에 렌트차 회사가 있습니까?

* Where can I rent a car? 렌트차는 어디서 빌리나요?
웨어ㄹ 캔 아이 뤤ㅌ 어 카ㄹ?

* I'd like to rent a car for a week.
아이들 라잌 투 뤤ㅌ 어 카ㄹ 포ㄹ-어 윜.
한 주 동안 차를 빌리고 싶은데요.

* What's the charge for a day? 하루에 얼마입니까?
왓ㅊ 더 촤ㄹ쥐 포ㄹ-어 데이?

* Do you have a road map? 지도 좀 있으세요?
두 유 해뷔 뤄ㄷ 맵?

* There was a lot of traffic. 오늘은 도로가 굉장히 혼잡했습니다.
데어ㄹ 워ㅈ 어 랏 어ㅂ 트뢔퓍.

단어 숙어

rental 명 렌탈, 임대 형 렌탈의, 임대의
rent 동 빌리다
company 명 회사
traffic 명 교통, 왕래

* We were able to move pretty smoothly today.
위 워ㄹ 에이블 투 무ㅂ 프뤄디 스무들리 투데이.
오늘은 차의 흐름이 아주 원활했습니다.

* Because of the increasing number of cars,
비커ㅈ 어ㅂ 디 인크뤄싱 넘버ㄹ 어ㅂ 카ㄹㅅ,

the roads are chronically jammed in Seoul.
더 뤄ㅈ 아ㄹ- 크뤄니컬리 잼ㄷ 인 서울.
늘어나는 차 때문에 서울의 도로는 언제나 밀리고 있습니다.

* Where should I park my car?
웨어ㄹ 슈다이 파ㄹ크 마이 카ㄹ?
제 차를 어디에 주차해야 하나요?

지하철·기차

* How long does it take to go
하우 롱 더ㅈ 잇 테잌 투 고우

from here to the station on foot?
프뤔 히어ㄹ 투 더 스테이션 언 풋?
여기에서부터 역까지 걸어서 얼마나 걸립니까?

* How late does the subway run?
하우 레잇 더ㅈ 더 써브웨이 뤈?
지하철은 얼마나 늦게까지 운행합니까?

* Every fifteen minutes. 15분마다 옵니다.
에브뤼 퓝틴 미닛ㅊ.

단어 숙어

move 동 움직이다
pretty 부 꽤, 제법
smoothly 부 매끄럽게, 평탄하게
increasing 형 점점 증가하는
chronically 부 만성적으로
park 동 주차하다
foot 명 발
on foot 걸어서, 도보로

* How long will it take from
하우 롱 윌 잇 테잌 프뤔
Los Angeles to San Francisco?
로스엔젤레ㅅ 투 샌프랜시스코?
로스앤젤레스부터 샌프란시스코까지는 어느 정도 걸립니까?

* It's a 30-minute ride. 승차시간은 30분입니다.
잇ㅊ 어 써ㄹ틴미닛 롸이ㄷ.

* It takes almost 5 hours from Seoul to Busan.
잇 테잌ㅅ 올모스ㅌ 파이브 하워ㄹㅅ 프뤔 서울 투 부산.
서울에서 부산까지는 5시간 걸립니다.

* What time does the last train (flight) for Paris
왓 타임 더ㅈ 더 라스ㅌ 트뤠인 (플라잇) 포ㄹ- 패리ㅅ
leave? 파리 행 마지막 기차는 몇 시에 출발합니까?
리ㅂ?

* Which platform does this train depart from?
위취 플래풔ㄹ옴 더ㅈ 디ㅅ 트뤠인 디파ㄹㅌ 프뤔?
이 열차는 어느 플랫폼에서 출발합니까?

* Will I be in time for the train? 그 기차 편에 맞출 수 있을까요?
윌 아이비 인 타임 포ㄹ- 더 트뤠인?

* How much is the fare? 요금 운임은 얼마입니까?
하우 머취 이ㅈ 더 풰어ㄹ?

* I missed the train. 열차를 놓쳤습니다.
아이 미스ㄷ 더 트뤠인.

단어 숙어

ride 명 승차시간
almost 부 거의
train 명 기차
in time 제 시간에
depart 동 출발하다
fare 명 운임, 요금
miss 동 놓치다

* When does the next one depart? 다음 출발은 언제입니까?
웬 더ㅈ 더 넥스ㅌ 원 디파ㄹㅌ?

* How long does this train stop here?
하우 롱 더ㅈ 디ㅅ 트뤠인 스탑 히어ㄹ?
이 열차는 여기서 얼마 동안 정차합니까?

* Is there a dining car? 식당 칸이 있습니까?
이ㅈ 데어ㄹ 어 다이닝 카ㄹ?

* Where should I change trains?
웨어ㄹ 슈다이 췌인쥐 트뤠인ㅅ?
어디서 열차를 갈아타야 합니까?

정비와 주유

* Could you tell me where
쿠쥬 텔 미 웨어ㄹ

A gas station is nearby?
어 개ㅅ 스테이션 이ㅈ 니어ㄹ바이?
이 근처에 주유소가 어디에 있는지 알려주시겠습니까?

= Where is a gas station? 주유소가 어디에 있습니까?
웨어ㄹ 이ㅈ어 개ㅅ 스테이션?

* Fill it up, please. 가득 채워 주세요.
필 잇 업, 플리ㅈ.

* 15 liters, please. 15리터 넣어 주세요.
퓝틴 리더ㄹㅅ, 플리ㅈ.

단어 숙어

next 형 다음의, 가장 가까운
train 명 기차
dining 명 정찬, 식사
nearby 형 가까운 부 가까이로, 가까이에
gas 명 개스, 가솔린
liter 명 리터

* Is there a garage nearby?
이ㅈ 데어ㄹ 어 거롸쥐 니어ㄹ바이?
근처에 자동차 정비소가 있습니까?

* We are almost out of gas. 우리 기름이 다 떨어져 가요.
위 아ㄹ- 올모스ㅌ 아웃 어ㅂ 개ㅅ.

* I'm all out of gas. 기름이 다 떨어졌어요.
아임 올 아웃 어ㅂ 개ㅅ.

* I can't start the engine. 시동이 안 걸려요.
아이 캔 스타ㄹㅌ 디 엔진.

* The battery is dead. 배터리가 떨어졌습니다.
더 배더ㄹ뤼 이ㅈ 대ㄷ.

* Do you have an automatic car wash?
두 유 해붠 오더매딕 카ㄹ 워쉬?
자동 세차기가 있습니까?

* My car broke down. 차가 고장이 났습니다.
마이 카ㄹ 브록 다운.

* We need a truck to tow the car to the garage.
위 닛 어 트럭 투 토우 더 카ㄹ 투 더 거롸쥐.
차를 견인해야 합니다.

* The car was sent to the garage for repairs.
더 카ㄹ 워ㅈ 센ㅌ 투 더 거롸쥐 포ㄹ- 뤼페어ㄹㅅ.
차를 수리하려고 정비소에 보냈어요.

단어 숙어

be out of ~ ~가 떨어지다	truck 명 트럭
engine 명 엔진	garage 명 차고, 정비소
battery 명 배터리	tow 동 끌다, 견인하다
broke down (break down의 과거형) 고장나다	repair 명 수리 동 수리하다

* Would you check out the car?
우쥬 췤 아웃 더 카ㄹ?
차를 점검 좀 해주시겠어요?

* Would you open the patrol cap?
우쥬 오픈 더 패트롤 캡?
주유구를 열어주시겠습니까?

길 안내 표지판

* One-way 일방통행
원-웨이

* Wrong -way 진입 금지
롱-웨이

= Do not enter
두 낫 엔터

* Road closed 도로 폐쇄
롯 클로스ㄷ

* Railroad(=Railway)
뤠일로드 (뤠일웨이)

* closed 차선 폐쇄
클로스ㄷ

* Prepare to stop 정지할 준비하시오
프뤼페어ㄹ드 투 스탑

* Man working 작업중
맨 워ㄹ킹

* Road narrows 길이 좁아짐
로드 내뤄우ㅅ

* Bump 노면이 울퉁불퉁함
범ㅍ

* Return 우회하시오
뤼턴

* Dead-end 막다른 길
데드-엔ㄷ

* Back it in 후면 주차
백 잇 인

= Reverse park your
뤼붜ㄹㅅ 파ㄹㅋ 유어ㄹ-

* car 자동차
카ㄹ

Chapter 13

병원

- 건강 상태
- 환자
- 간호사
- 의사
- 내과
- 외과
- 치과
- 안과
- 약국
- 병원 관련 단어
- 병원·의사의 종류

13 병원 hospital

Dialogue

A : Ouch! 아이고!
아우취!

B : What's wrong? 왜 그러세요?
왓ㅊ 뤙?

A : My ankle hurts. 발목을 다쳤어요.
마이 앵클 허ㄹㅊ.

B : That's too bad. 저런.
댓ㅊ 투- 배ㄷ.

What happened to your ankle? 어쩌다가요?
왓 해픈 투 유어ㄹ- 앵클?

A : I tumbled down the stairs. 계단에서 넘어 졌었거든요.
아이 텀블 다운 더 스테어ㄹㅅ.

건강 상태

* I feel stressed (out) these days.
아이 퓔 스트뤠스ㄷ (아웃) 디즈 데이ㅈ.
요즘 스트레스를 많이 받습니다.

* I feel very tired. 많이 피곤합니다.
아이 퓔 붸뤼 타이어ㄹㄷ.

단어 숙어

- ankle 명 발목
- hurt 동 다치게 하다, 아프다
- happen 동 일어나다, 생기다
- tumble down 넘어지다
- stressed 형 긴장(스트레스)받는
- tired 형 피곤한

* I'm exhausted. 저는 지쳤습니다.
아임 이그저-스티ㄷ.

* I have stiff shoulders. 어깨가 뻐근합니다.
아이 해ㅂ 스티ㅍ 숄더ㄹㅅ.

* I feel languid. 몸이 나른해요.
아이 필 랭귀ㄷ.

= I feel lazy.
아이 필 레이지.

* I have a fever. 열이 있습니다.
아이 해뷔 퓌붜ㄹ.

* I had a high fever last night.
아이 해더 하이 퓌붜ㄹ 라스ㅌ 나잇.
간밤에 몸이 팔팔 끓었습니다.

* I feel a chill. 오한이 나요.
아이 필 어 칠.

* I have a slight cold. 감기 기운이 있습니다.
아이 해뷔 슬라잇 콜드.

* I feel faint. 어지러워요.
아이 필 풰인트.

단어 숙어

exhausted 형 몹시 지친
stiff 형 경직된, 뻣뻣한
shoulder 명 어깨
languid 형 나른한, 노곤한
lazy 형 나태한, 게으른
fever 명 열, 발열
chill 명 냉기, 오한
slight 형 약간의, 근소한
faint 형 아찔한, 실신한

= I feel dizzy.
아이 퓔 디지.

* I caught a bad cold. 나는 독감에 걸렸어요.
아이 컷 어 뱃 콜ㄷ.

* I suffered from indigestion.
아이 써풔ㄹㄷ 프뤔 인다이쥀스쳔.
소화가 안 돼서 고생했습니다. (= 배탈이 났었습니다.)

* I am lying fatigued on my bed.
아이 앰 라잉 풔티그ㄷ 언 마이 베ㄷ.
나는 몸살 때문에 누워 있습니다.

* I need a rest. 좀 쉬어야겠어요.
아이 닛 어 뤠스ㅌ.

* I have a frog in my throat. 목이 쉬었어요.
아이 해뷔 프뤄그 인 마이 쓰롯.

* I feel so weak. 몸에 기운이 하나도 없어요.
아이 퓔 쏘우 윅.

* I lost my appetite. 식욕을 잃었어요.
아이 로스ㅌ 마이 애피타잇.

* I have a cough and my nose is running.
아이 해뷔 커ㅍ 앤 마이 노우지ㅈ 뤄닝.
기침이 나고 콧물이 나옵니다.

단어 숙어

dizzy 형 현기증 나는, 핑핑 도는
suffer from~ ~으로 고생하다
indigestion 명 소화 불량
fatigued 형 피로한, 지친
have a frog in one's throat ~의 목이 쉬었다
appetit 명 식욕
cough 명 기침
nose 명 코
nose is running 콧물이 나다

* I feel like throwing up. 토할 것 같아요.
아이 필 라잌 쓰뤄잉 업.

* My head feels heavy. 머리가 무겁습니다.
마이 헷 필ㅅ 헤뷔.

* I have a headache. 머리가 아픕니다.
아이 해붜 헤데잌.

= I feel a headache.
아이 필 어 헤데잌.

* I have pins and needles in my legs. 다리가 저리고 쑤십니다.
아이 해ㅂ 핀ㅅ 앤 니들ㅅ 인 마이 렉ㅅ.

* I feel sore in my arms. 팔이 쑤십니다.
아이 필 쏘어ㄹ 인 마이 암ㅅ.

* I hurt my feet. 발을 다쳤습니다.
아이 헛 마이 핏.

* My nose is running all day. 하루 종일 콧물이 나옵니다.
마이 노우지ㅈ 뤄닝 올 데이.

* I have a plugged-up nose. 코가 막힙니다.
아이 해붜 플러그덥 노우ㅈ.

* My back aches. 등이 아픕니다.
마이 백 에잌ㅅ.

단어 숙어

heavy 형 무거운
headache 명 두통
pin 명 바늘, 압정
needle 명 (뜨개)바늘
leg 명 다리
sore 형 아픈, 쑤시는
arm 명 팔
feet 명 (foot의 복수)발
plugged-up 막히다
ache 동 아프다, 쑤시다

* I have ringing in my ears. 귀가 울림이 있습니다.
아이 해ㅂ 륑잉 인 마이 이어ㄹㅅ.

* I broke out in a cold sweat. 식은땀이 났습니다.
아이 브뤄카웃 인 어 콜ㄷ 스웻.

* My eyes are itchy. 눈이 가려워요.
마이 아이ㅈ 아ㄹ- 이취.

* I have a burn. 화상을 입었습니다.
아이 해붜 버ㄹ언.

* I'm suffering from insomnia.
아임 써풔ㄹ링 프뤔 인썸니아.
불면증으로 고통받고 있습니다.

* I have high blood pressure. 나는 혈압이 높습니다.
아이 해ㅂ 하이 블러ㄷ 프뤠셔ㄹ.

* Is it contagious? 전염성이 있습니까?
이ㅈ 잇 컨테이져ㅅ?

* Do I need an operation? 수술을 받아야 합니까?
두 아이 닏 언 오퍼뤠이션?

* How long will the treatment take?
하우 롱 윌 더 트뤼트먼트 테잌?
치료는 얼마나 걸릴까요?

단어 숙어

ringing 형 울리는, 울려 퍼지는
ear 명 귀
suddenly 부 갑자기
sweat 명 땀
eye 명 눈
itchy 형 가려운
burn 동 타다, (피부가 햇볕에) 타다, 그을리다
insomnia 명 불면증
blood 명 피
pressure 명 압력, 압박
contagious 형 옮는, 감염의
operation 명 수술
treatment 명 치료

환자

* Excuse me, is this the reception desk?
익스큐ㅈ 미, 이ㅈ 디ㅅ 더 뤼셉션 데스ㅋ?
실례합니다만, 여기가 접수처입니까?

* I'd like to see a doctor. 진찰을 받고 싶은데요.
아이들 라잌 투 씨 어 닥터ㄹ.

* Do I need an appointment? 예약이 필요합니까?
두 아이 닏 언 어포인먼ㅌ?

* This is my first visit. 이번이 처음입니다.
디ㅅ 이ㅈ 마이 풔ㄹ스ㅌ 뷔짓.

* May I see Dr. Smith, please?
메이 아이 씨 닥터ㄹ 스미ㅅ, 플리ㅈ?
스미스 선생님 좀 뵈도 될까요?

* How long do I have to wait? 얼마나 기다려야 합니까?
하우 롱 두 아이 해ㅂ 투 웨잇?

* Will I be able to get well? 괜찮아질까요?
윌 아이 비 에이블 투 겟 웰?

* Should I be hospitalized? 입원해야 합니까?
슈다이 비 하스피들라이즈ㄷ?

단어 숙어

- reception 명 응접, 접대
- desk 명 책상, (호텔의) 접수원
- doctor 명 의사
- appointment 명 약속
- visit 동 방문하다
- illness 명 병
- suppose to ~ ~하기로 되어 있다
- hospitalize 동 입원시키다

* I've come to be admitted. 입원 수속을 하려고 합니다.
  아이브 컴 투 비 어드미티ㄷ.

* How much will it cost altogether?
  하우 머취 윌 잇 코스트 올투게더ㄹ?
  비용은 전부 얼마나 듭니까?

* I don't have insurance. 보험이 없습니다.
  아이 돈 해ㅂ 인슈어ㄹ런ㅅ.

* I'd like to have this prescription filled.
  아이들라잌 투 해ㅂ 디ㅅ 프뤼스크륍션 퓔ㄷ.
  처방대로 약을 지어 주십시오.

* The painkiller didn't help. 그 진통제는 효과가 없었습니다.
  더 페인킬러ㄹ 디든 헬ㅍ.

간호사

* Do you have an appointment? 예약을 하셨습니까?
  두 유 해붠 어포인먼ㅌ?

* What's the matter? 어디가 아프십니까?
  왓ㅊ 더 매더ㄹ?
  = What's wrong with you?
  왓ㅊ 뤙 윗 유?

단어 숙어

admit 동 (입장을) 허가하다, 승인하다
cost 동 비용이 들다
altogether 부 다 합하여, 전혀
insurance 동 보험
prescription 명 처방, 처방전
fill 동 채우다, …으로 충만하다
painkiller 명 진통제
appointment 명 약속
matter 명 문제, 물질
wrong 형 나쁜, 그릇된, 고장난

* Do you have an insurance card?
두 유 해뷔 인슈어뤈ㅅ 카ㄹ-ㄷ?
의료보험증 있으십니까?

* May I have your name, please?
메이 아이 해ㅂ 유어ㄹ- 네임, 플리ㅈ?
이름 좀 알려주시겠습니까?

* Have you been here before? 오신 적이 있으신가요?
해뷰 빈 히어ㄹ- 비풔ㄹ?

* What kind of pain are you having? 어떻게 아프십니까?
왓 카인더ㅂ 페인 아ㄹ- 유 해빙?

* I'm sorry, we are all booked up.
아임 소뤼, 위 아ㄹ- 올 북덥.
죄송하지만 예약이 모두 찼습니다.

* You can receive the prescription at the out-patient pharmacy. 처방전은 외래약국에서 받으실 수 있습니다.
유 캔 뤼씨ㅂ 더 프뤼스크륍션 앳 디 아웃-페이션ㅌ 파ㄹ머씨.

의사

* Am I hurting you? 이렇게 하면 아프십니까?
앰 아이 허ㄹ딩 유?

* When did it begin? 언제부터 (증세가) 시작되었습니까?
웬 디딧 비긴?

단어/숙어

date 명 날짜
birth 명 탄생
receive 동 받다
out-patient 명 외래 환자
pharmacy 명 약국
begin 동 시작하다

* Let's take your temperature. 체온을 재봅시다.
렛ㅊ 테잌 유어ㄹ- 템퍼뤄쳐.

* Take these medicines and you'll be better.
테잌 디스 메디슨ㅅ 앤 율 비 베더ㄹ.
이 약을 드시면 좋아질 거예요.

* Get lots of rest and you will be OK.
겟 랏춰ㅂ 뤠스ㅌ 앤 유 윌 비 오케이.
푹 쉬시면 좋아질 겁니다.

내과

* I have pain in my chest. 가슴에 통증이 있습니다.
아이 해ㅂ 페인 인 마이 췌스ㅌ.

* I have a heavy feeling in my chest.
아이 해붜 헤뷔 퓔링 인 마이 췌스ㅌ.
가슴이 답답합니다.

* I suffer from a severe pain in my stomach.
아이 서풔ㄹ 프뤔 어 씨뷔어ㄹ 페인 인 마이 스토먹.
위에 심한 통증이 있습니다.

* I have stomach trouble. 위가 좋지 않습니다.
아이 해ㅂ 스토먹 트뤄블.

* I feel a pain in my stomach. 배가 아픕니다.
아이 퓔 어 페인 인 마이 스토먹.

* I have diarrhea. 설사를 합니다.
아이 해ㅂ 다이어뤼어.

* I ache all over.
아이 에잌 올 오붜ㄹ.
몸살이 났습니다. (몸 전체가 쑤십니다.)

* What kind of test do I have to take?
왓 카인더ㅂ 테스ㅌ 두 아이 해ㅂ 투 테잌?
어떤 검사를 받아야 합니까?

* Is it serious?
이ㅈ 잇 씨뤼어ㅅ?
증세가 심각합니까?

* Would you please pull up your shirt?
우쥬 플리ㅈ 풀 업 유어ㄹ- 셔ㄹ엇?
셔츠를 좀 올려주시겠습니까?

* I'd like to run some tests on you.
아이들 라잌 투 뤈 썸 테스ㅊ 언 유.
몇 가지 검사를 해야 할 것 같습니다.

단어 숙어

temperature 명 체온, 온도
medicine 명 약
rest 명 날짜
chest 명 가슴
heavy 명 무거운
severe 형 엄격한, 엄중한
diarrhea 명 설사
stomach 명 위
trouble 명 문제
convulsion 명 경련
diarrhea 명 설사
test 명 테스트, 검사, 시험
touch 동 만지다
serious 형 심각한

외과

* I sprained my ankle. 발목을 삐었습니다.
아이 스프뤠인ㄷ 마이 앵클.

* I burned my hand cooking. 요리하다가 손을 데었습니다.
아이 버ㄹ언ㄷ 마이 핸ㄷ 쿠킹.

* I'm black and blue all over. 온몸에 멍이 들었습니다.
아임 블랙 앤 블루 올 오붜ㄹ.

* I cut my finger with a knife. 칼에 손을 벴습니다.
아이 컷 마이 핑거ㄹ 위더 나이ㅍ.

* I got a splinter in my toe. 발가락에 가시가 박혔습니다.
아이 갓 어 스플린터ㄹ 인 마이 토우.

* I have a blister on my finger.
아이 해붜 블리스터ㄹ 언 마이 핑거ㄹ.
손가락에 물집이 잡혔습니다.

* I fell down stairs and twisted my ankle.
아이 펠 다운 스테어ㄹㅅ 앤 트위스티ㄷ 마이 앵클.
층계에서 넘어져 발목을 삐었습니다.

* I hurt my shoulders picking up something heavy.
아이 허ㄹ엇 마이 숄더ㄹㅅ 피킹 업 썸씽 헤뷔.
무거운 것을 들다가 어깨를 다쳤습니다.

단어 숙어

sprain 동 삐다
ankle 명 발목
cooking 명 요리
black and blue 검푸른 멍이 든
back 명 등
finger 명 손가락
knife 명 칼
splinter 명 가시, 파편
toe 명 발가락
blister 명 기포, 물집
stairs 명 계단
twist 동 삐다, 접질리다

* How long do you think it will take to recover?
하우 롱 두 유 씽크 잇 윌 테잌 투 뤼커붜ㄹ?
낫는 데 얼마나 걸릴 것 같습니까?

* I feel pain here. 여기가 아픕니다.
아이 퓔 페인 히어ㄹ.

* May I have this cast removed from my arm?
메이 아이 해ㅂ 디스 캐스ㅌ 뤼무브ㄷ 프뤔 마이 아ㄹ암?
팔에 깁스를 풀어도 될까요?

* Here is what we're gonna check up; vital signs,
히어ㄹ 이ㅈ 왓 위어ㄹ 고너 췌컵; 봐이털 싸인ㅅ,

blood test, urine test, dental check up, chest X-Ray.
블럿 테스ㅌ, 유륀 테스ㅌ, 덴털 췌컵, 췌스ㅌ 엑스-뤠이.
혈압, 체온, 호흡, 맥박 측정 및 혈액 검사, 소변 검사,
치과 검진, 흉부 엑스레이 촬영을 하겠습니다.

★ vital sign에서 'vital'은 '생명 유지에 관한'이란 형용사로 여기서는 생명 유지에 관한 신호를 말합니다. 혈압, 체온, 호흡, 맥박이 여기에 해당되겠지요.

* I need to check your blood pressure and pulse.
아이 닛 투 췤 유어ㄹ- 블럿 프뤠셔 앤 펄ㅅ.
혈압과 맥박을 재야겠습니다.

* You need to have a urine test.
유 닛 투 해붜 유륀 테스ㅌ.
소변검사를 하셔야 합니다.

단어 숙어

think 동 생각하다
recover 동 회복하다
cast 명 깁스(붕대)
remove 동 제거하다
pulse 명 맥박
broken 형 부러진
urine 명 오줌, 소변
blood 명 피, 혈액
pressure 형 혈압

* I will prescribe you some medicine.
아이 윌 프뤼스크롸입 유 썸 메디슨.
약을 처방해 드리겠습니다.

* We will put it in a cast. 깁스를 해드리겠습니다.
위 윌 풋 잇 인 어 캐스ㅌ.

* Do you have any allergies? 알레르기가 있으십니까?
두 유 해ㅂ 에니 앨러쥐ㅅ?

* We will give you an injection. 주사를 한 대 놓겠습니다.
위 윌 기뷰 언 인젝션.

치과

* I fell down and broke my tooth.
아이 펠 다운 앤 브록 마이 투ㅅ.
넘어져서 이가 부러졌습니다.

* I had a decayed tooth 이가 썩었습니다.
아이 해더 디케이ㄷ 투ㅅ.

* I suffer from a toothache. 치통이 있습니다.
아이 써퓌ㄹ 프뤔 어 투스에잌.

= I got a toothache.
아이 갓 어 투스에잌.

* Would you take care of the pain?
우쥬 테잌 케어ㄹ 어ㅂ 더 페인?
안 아프게 해 주실 수 있어요?

단어 숙어

allergy 명 알레르기
injection 명 주사
tooth 명 이
decayed 형 썩은
toothache 명 치통

* Would you take care of the pain?
우쥬 테잌 케어ㄹ 어ㅂ 더 페인?
안 아프게 해 주실 수 있어요?

* My gums are bleeding. 잇몸에서 피가 납니다.
마이 검ㅅ 아ㄹ- 블리딩.

* I have a loose tooth. 이가 흔들립니다.
아이 해븨 루ㅅ 투스.

* Please open your mouth wide. 입을 크게 벌리세요.
플리ㅈ 오픈 유어ㄹ- 마우ㅅ 와이ㄷ.

* You need to brush regularly.
유 닛 투 브뤄쉬 뤠귤러뤼.
양치질을 규칙적으로 하셔야 합니다.

* We'll have to pull it out. 뽑아야 되겠습니다.
윌 해ㅂ 투 풀 잇 아웃.

* You have a wisdom tooth which had decayed.
유 해븨 위즈덤 투스 위취 해드 디케이디ㄷ.
사랑니가 있는데 썩었네요.

* Your gums are swollen. 잇몸이 부었네요.
유어ㄹ- 검스 아ㄹ- 스월른.

* I will treat the decayed tooth. 썩은 이를 치료하겠습니다.
아이 윌 트륏 더 디케이디드 투스.

단어 숙어

gum 명 잇몸
bleed 동 피 흘리다
wide 동 충분히, 완전히, 넓게
brush 동 양치하다
regularly 부 규칙적으로
pull 동 잡아당기다
extract 동 빼어내다, 잘라내다
wisdom tooth 명 사랑니
swollen 형 부은

안과

* I want to have my eyes checked.
아이 원 투 해브 마이 아이즈 췌ㅌ.
시력검사를 받고 싶습니다.

* I have bad sight. 저는 시력이 나쁩니다.
아이 해브 뱃 싸잇.

* I'm shortsighted. 저는 근시안입니다.
아임 쇼ㄹ옷싸이디ㄷ.

* I'm astigmatic. 저는 난시입니다.
아임 애스티그매딕.

* I'm a long-sighted. 저는 원시입니다.
아임 어 롱-싸이티ㄷ.

* I'm worrying that my eye sight is failing.
아임 워링 댓 마이 아이 싸잇 이ㅈ 풰일링.
눈의 시력이 떨어질까 봐 걱정됩니다.

* I got blood shot eyes. 눈이 충혈되었습니다.
아이 갓 블럿 샷 아이ㅈ.

* My eyes were puffy. 눈이 부었습니다.
마이 아이즈 워ㄹ 퍼퓌.

* I have a sty in my eyes. 다래끼가 났습니다.
아이 해붜 스티 인 마이 아이즈.

단어 숙어

sight 명 시력
worry 명 걱정하다
bloodshot 명 충혈된
puffy 명 부풀어 오른
sty 명 다래끼
irritated 명 염증을 일으킨
chart 명 도표, 그림

* My eyes feel irritated. 눈에 염증이 났습니다.
마이 아이즈 퓔 이뤼테이티ㄷ.

* I think there are something wrong with my eyes.
아이 씽크 데어ㄹ 아ㄹ- 썸씽 뤙 위드 마이 아이ㅈ.
눈에 무슨 문제가 있는 것 같아요.

* You can recover your sight. 시력이 좋아질 수 있습니다.
유 캔 뤼커붜ㄹ 유어ㄹ- 싸잇.

* Would you look at the chart? 시력 검사표를 보시겠어요?
우쥬 룩 앳 더 촤ㄹㅌ?

약국

* I need a painkiller. 진통제가 필요합니다.
아이 니더 페인킬러.

* I'd like some medicines for a bad cold.
아이들 라잌 썸 메디슨 풔ㄹ- 어 뱃 콜ㄷ.
감기약 좀 주세요.

* Please give me some aspirin. 아스피린 좀 주세요.
플리즈 기브 미 썸 애스피륀.

* Do you have any bandaid? 반창고 있습니까?
두 유 해ㅂ 에니 밴데이ㄷ?

* Do I need a prescription for this?
두 아이 니더 프뤼스크륍션 풔ㄹ- 디ㅅ?
이 약을 사려면 처방전이 필요합니까?

단어 숙어

bandaid 명 반창고
ready 형 준비가 된
drug 명 약
without 전 ~없이

* Here is the prescription. 여기 처방전이 있습니다.
히어ㄹ 이ㅈ 더 프뤼스크륍션?

* Please fill this prescription. 이 처방전대로 약을 주십시오.
플리즈 퓔 디ㅅ 프뤼스크륍션.

* I am afraid I don't have a prescription.
아이 앰 어프뤠이드 아이 돈 해붜 프뤼스크륍션.
처방전이 없는데요.

* May I help you? 뭘 도와드릴까요?
메이 아이 헬퓨?

* We can't sell the drugs if you don't have a
위 캔 셀 더 드럭스 이퓨 돈 해붜
prescription. 처방전이 없으면 약을 드릴 수 없습니다.
프뤼스크륍션.

* You can't buy it without a prescription.
유 캔 바이 잇 위다웃 어 프뤼스크륍션.
처방전 없이는 약을 못 사세요.

병원 관련 단어

* adomen 배, 복부
업도우먼

* appendicitis 맹장염
어펜더싸이디ㅅ

* blister 물집
블리스터ㄹ

* constipation 변비
컨스터페이션

* cramp 경련
크램프

* diarrhea 설사
다이어뤼어

* first aid 퍼ㄹ스트 에이ㄷ 응급처치
* gum 검 잇몸
* hospitalize 하스피덜라이즈 입원하다
* injection 인젝션 주사
* insurance 인슈어뤈ㅅ 보험
* operation 오퍼뤠이션 수술
* prescription 프뤼스크륍션 처방
* recover 뤼커붜ㄹ 회복하다
* relieve 륄리브 완화하다
* sprain 스프뤠인 삐다
* swallow 스왈로우 삼키다
* symptom 씸프튼 증상
* tablet 태블릿 알약
* vomit 보우밋 토하다

병원·의사의 종류

* internal medicine 인터ㄹ널 메디슨 내과
* surgery 써ㄹ져뤼 외과
* pediatrics 페디애트뤽ㅅ 소아과
* ophthalmology 어프덜멀러쥐 안과
* urology 유뤌러쥐 비뇨기과
* dentist 덴티스트 치과 의사

* dermatology 피부과
더ㄹ머털러쥐

* psychiatry 정신과
싸이키에트뤼

* gynecology 산부인과
쟈이니칼리쥐

* plastic surgery 성형외과
플래스틱 써져뤼

* radiology 방사선과
레이디얼러쥐

* dentistry 치과
덴티스트뤼

* orthopedist 정형외과 의사
어ㄹ써피디스ㅌ

* urologist 비뇨기과 의사
유럴러쥐스ㅌ

* dentist 치과 의사
덴티스트

* oriental doctor 한의사
오리엔틀 닥터ㄹ

* physician 내과 의사
피지션

* surgeon 외과 의사
써ㄹ전

* pediatrician 소아과 의사
페디애트뤼션

* psychiatrist 정신과 의사
싸이키에트뤼스ㅌ

* otolaryngology 이비인후과
오토레륀갈러쥐

* orthopedic surgery 정형외과
어ㄹ써피딕 써져뤼

* ophthalmologist = 안과 의사
어프셀멀러쥐스ㅌ
eye doctor = sergeon
아이 닥터ㄹ 써ㄹ전

* otolaryngologist 이비인후과 의사
오도레륀갈러쥐스ㅌ

* plastic surgeon 성형외과 의사
플래스틱 써ㄹ져뤼

* dermatologist 피부과 의사
더ㄹ머털러쥐스ㅌ

* gynecologist 산부인과 의사
자이니칼리쥐스ㅌ

Chapter 14

외모 · 체형

★ 외모 · 체형

★ 얼굴

★ 머리 스타일

★ 미용실 · 이발소

★ 신체 부위

14 외모 · 체형 appearance

Dialogue

A : Will you be free tomorrow? 내일 한가하니?
월 유 비 프뤼 터마뤄우?

B : Nothing special 특별한 건 없는데.
낫씽 스페셜.

Why? 왜?
와이?

A : I need to get a perm 퍼머 좀 할까 하고.
아이 닛 투 겟 어 퍼ㄹ엄.

You want to go with me? 같이 갈래?
유 원 투 고우 윗 미?

B : All right 그러자.
올 롸잇.

외모 · 체형

* She is cute, isn't she? 그 여자 귀여워, 그렇지 않아?
쉬 이ㅈ 큐트, 이즌 쉬?

* You have clear-cut features. 당신은 이목구비가 뚜렷해요.
유 해ㅂ 클리어ㄹ-컷 퓌쳐ㄹ스.

단어 숙어

free 형 자유로운, 한가한, 선약이 없는
perm 명 퍼머(permanent wave)
cute 형 귀여운
clear-cut 윤곽이 뚜렷한
feature 명 얼굴 생김새, 용모

* I am near-sighted so I wear glasses.
아이 앰 니어ㄹ 싸이디드 쏘우 아이 웨어ㄹ 글래씨ㅈ.
저는 근시라서 안경을 씁니다.

* Do you look more like your mother or your father?
두 유 룩 모어ㄹ 라잌 유어ㄹ- 머더ㄹ 오어ㄹ 유어ㄹ- 퐈더ㄹ?
당신은 어머니와 아버지 중에 누굴 더 닮았나요?

* My mother and I look the very same.
마이 머더ㄹ 앤 아이 룩 더 붸뤼 쎄임.
나와 우리 어머니는 많이 닮았습니다.

* I take after my father more than my mother.
아이 테잌 애프터ㄹ 마이 퐈더ㄹ- 모어ㄹ 댄 마이 머더ㄹ.
저는 아버지를 더 많이 닮았습니다.

* I have my grandmother's nose, father's eyes.
아이 해ㅂ 마이 그랜드머더ㄹ스 노우스, 퐈더ㄹ스 아이ㅈ.
저는 할머니의 코와 아버지의 눈을 닮았습니다.

* She resemble her mother through the eyes.
쉬 뤼젬블 허ㄹ- 마더ㄹ- 쓰웃 더 아이ㅈ.
그녀는 엄마의 눈을 닮았습니다.

* I think my daughter looks like her daddy.
아이 씽크 마이 도터ㄹ 룩스 라잌커ㄹ 대디.
내 생각에 내 딸은 아빠를 닮은 것 같다.

단어 숙어

glasses 명 안경
take after ~를 닮다
grandmother 명 할머니
resemble 동 닮다
look like 닮다
daughter 명 딸

* We don't resemble each other at all.
위 돈 뤼젬블 이취 어더ㄹ 앳 올.
우리는 전혀 닮지 않았어요.

* She has my eyes. 그 애는 내 눈을 닮았죠.
쉬 해ㅈ 마이 아이ㅈ.

* She is pretty. 그녀는 예쁘게 생겼어요.
쉬 이ㅈ 프뤼디.

* She is hot. 그녀는 매력 있어요.
쉬 이ㅈ 핫.

* She is a knockout. 그녀는 무척 아름답습니다.
쉬 이ㅈ 어 넉아웃.

= She is quiet a beauty.
쉬 이ㅈ 콰잇 어 뷰디.

* She looks more mature for her age.
쉬 룩스 모어ㄹ 머춰ㄹ 포ㄹ- 허ㄹ 에이쥐.
그녀는 나이에 비해 무척 성숙해 보여요.

* She looks intelligent. 그녀는 지적으로 생겼어요.
쉬 룩스 인텔리젼ㅌ.

* She is not pretty at all. 그녀는 전혀 안 예쁘게 생겼어.
쉬 이ㅈ 낫 프뤼디 앳 올.

단어 숙어

each other (두 사람 사이의) 서로
pretty 형 예쁜
hot 형 섹시한, 매력 있는
knockout 형 압도적인, 훌륭한
beauty 명 미인
mature 형 성숙한
intelligent 형 지적인

* She is more attractive than pretty.
쉬 이ㅈ 모어ㄹ 어트랙티브 댄 프뤼디.
그녀는 예쁘기보다는 매력적이에요.

* She is ugly. 그녀는 못 생겼어요.
쉬 이ㅈ 어글리.

★ 'ugly'라는 표현을 대놓고 쓰는 것보다는 'not pretty'로 쓰는 것이 일반적입니다.

* She looks average. 그녀는 평범하게 생겼어.
쉬 룩스 애뷝뤄쥐.

* He is handsome. 그는 미남입니다.
히 이ㅈ 핸썸.

* He is gorgeous. 그는 매혹적이야.
히 이ㅈ 고ㄹ져ㅅ.

* He is tall and fascinating. 그는 키가 크고 매력적이야.
히 이ㅈ 톨 앤 패서네이딩.

* He is neither handsome nor ugly.
히 이ㅈ 니더ㄹ 핸썸 노어ㄹ 어글리.
그는 잘 생긴 것도 아니고 못 생긴 것도 아니에요.

★ neither A nor B A도 아니고 B도 아니다.

ex) I like neither him nor her. 나는 그와 그녀 모두 좋아하지 않습니다.
아이 라잌 니더ㄹ 힘 노어ㄹ 허ㄹ.

I can speak neither Engish nor French. 나는 영어도 프랑스어도 말하지 못합니다.
아이 캔 스핔 니더ㄹ 잉글리쉬 노어ㄹ 프렌취.

단어 숙어

attractive 형 매력적인
ugly 형 못생긴
average 형 보통의, 평범한 명 평균
fascinating 형 매혹적인, 황홀한
neither 형 어느 …도 …아니다
handsome 형 (남자에게) 잘생긴

* Don't judge people by their looks.
돈 져쥐 피플 바이 데어ㄹ 룩스.
사람을 외모로 평가하지 마.

* How tall are you? 키가 얼마신가요?
하우 톨 아ㄹ- 유?

= What's your height?
왓츠 유어ㄹ- 하잇?

* I'm tall. 저는 키가 큽니다.
아임 톨.

* I'm short and slender. 저는 키가 작고 말랐어요.
아임 쇼ㄹ트 앤 슬렌더ㄹ.

* I'm rather tall. 저는 큰 편입니다.
아임 뤠더ㄹ 톨.

* I'm over 180cm. 저는 180이 넘습니다.
아임 오붜ㄹ 원헌드뤠드에이디 센티미터ㄹㅅ.

* We are almost the same height. 우리는 키가 거의 같습니다.
위 아ㄹ- 올모스트 더 쎄임 하잇.

* He is well-built. 그는 체격이 좋습니다.
히 이ㅈ 웰-빌ㅌ.

* He has a good figure. 그는 몸매가 멋집니다.
히 해저 굿 퓌겨ㄹ.

단어 숙어

gorgeous 형 매력적인, 눈부신
tall 형 키가 큰
judge 동 평가하다, 판단하다
slender 형 마른, 날씬한
rather 부 다소, 상당히
muscular 형 체격이 좋은
built 형 좋은 체격의
figure 명 몸매, 풍채, 외관

* He is about average height. 그는 평균 신장입니다.
히 이ㅈ 어바웃 애붜뤼쥐 하잇.

* He is stout with broad shoulders.
히 이ㅈ 스타웃 윗 브뤄드 숄더ㄹㅅ.
그는 어깨가 넓고 딱 벌어졌습니다.

* He is in great shape. 그는 몸매가 좋습니다.
히 이ㅈ 인 그뤠잇 쉐이프.

* He has long legs. 그는 다리가 깁니다.
히 해ㅈ 롱 렉ㅅ.

* She's got smooth curves. 그녀는 몸매가 아주 예뻐요.
쉬스 갓 스무스 커ㄹ브ㅅ.

* She doesn't look her age. 그녀는 나이처럼 안 보여요.
쉬 더즌 룩 허ㄹ 에이쥐.

* She's fairly young. 그녀는 아주 어립니다.
쉬즈 풰얼리 영.

* Please tell me your chest, waist and hip
플리즈 텔 미 유어ㄹ- 췌스트, 웨이스트, 앤 힙
measurements. 가슴, 허리, 엉덩이 둘레를 알려주세요.
메줘ㄹ먼ㅊ.

* How much do you weigh? 몸무게가 얼마나 나가세요?
하우 머취 두 유 웨이?

= What's your weight?
왓츠 유어ㄹ- 웨잇?

단어 숙어

broad 형 넓은
shape 명 모습, 외양
fairly 부 상당히, 아주
waist 명 허리
hip 명 힙, 엉덩이
measurement 명 치수

* I'm 60kg.
아임 씩스티 킬로그램ㅅ.
저는 60킬로그램이 나갑니다.

= I weigh 60kg.
아이 웨이 씩스티 킬로그램ㅅ.

* You've lost a bit of weight, haven't you?
유브 로스트 어 빗 어ㅂ 웨잇, 해븐츄?
살이 좀 빠지셨군요. 그렇죠?

* I've gained some weight.
아이ㅂ 게인드 썸 웨잇.
살이 좀 쪘습니다.

* I don't care how I look.
아이 돈 케어ㄹ 하우 아이 룩.
저는 외모에 신경 안 씁니다.

얼굴

* Any marks on his face?
에니 마ㄹ악ㅅ 언 히ㅈ 풰이ㅅ?
그 사람 얼굴 특징이 어떻던가요?

* He has a round face.
히 해저 롸운ㄷ 풰이ㅅ.
그 남자의 얼굴형은 둥글다.

* Her face is oval.
허ㄹ 풰이스 이ㅈ 오뷜.
그 여자는 얼굴이 달갈형이다.

* He has a double chin.
히 해저 더블 췬.
그는 이중턱이야.

단어 숙어

weight 동 무게가 나가다
gain 동 늘다, 얻다 명 이익
mark 명 특징
face 명 얼굴
round 형 둥근
oval 형 달걀 모양의, 타원형의
double 형 이중의, 두 겹의
chin 명 턱

* My skin type is oily. 나는 피부가 지성이에요.
마이 스킨 타입 이ㅈ 오일리.

* She has a fair complexion. 그녀는 하얀 피부를 가졌어요.
쉬 해저 풰어ㄹ 컴플렉션.

* He is dark-skinned. 그는 피부가 까무잡잡합니다.
히 이ㅈ 다ㄹ크 스킨ㄷ.

* She is tanned. 그녀는 햇볕에 피부가 탔어요.
쉬 이ㅈ 탠ㄷ.

* I have some freckles. 저는 주근깨가 좀 있습니다.
아이 해ㅂ 썸 프뤠클ㅅ.

* I am worrying about my freckles on my cheek.
아이 앰 워륑 어바웃 마이 프뤠클ㅅ 언 마이 췤.
빰에 난 주근깨 때문에 신경이 쓰이네요.

* Her face dimples with her smile.
허ㄹ 풰이ㅅ 딤플ㅅ 윗 허ㄹ 스마일.
그녀는 웃으면 보조개가 생깁니다.

* I have dimples on my cheeks. 나는 보조개가 있습니다.
아이 해ㅂ 딤플ㅅ 언 마이 췩ㅅ.

* She has buck teeth. 그녀는 뻐드렁니가 있어요.
쉬 해ㅈ 벅 티스.

단어 숙어

- **skin** 명 피부
- **oily** 형 지성의
- **complexion** 명 얼굴빛, 혈색
- **fair** 형 맑은, 살이 흰
- **tanned** 형 햇볕에 그을린, 탄
- **freckle** 명 주근깨, 기미
- **worrying** 형 걱정이 되는, 애타는
- **cheek** 명 볼, 빰
- **dimple** 동 보조개가 생기다
- **smile** 명 미소
- **buck** 동 반항하다, 거역하다
- **teeth** 명 (tooth의 복수)이, 어금니

* She's wearing braces. 그녀는 치열 교정기를 하고 있습니다.
쉬ㅅ 웨어륑 브뤠이시ㅈ.

* She has a flat nose. 그녀는 코가 납작해요.
쉬 해저 플랫 노우ㅅ.

* He has whiskers. 그는 구레나룻이 있어요.
히 해ㅈ 위스커ㄹㅅ.

* He has double eyelids. 그는 쌍꺼풀이 있습니다.
히 해ㅈ 더블 아이리ㅈ.

* She always wears a heavy make up.
쉬 올웨이ㅈ 웨어ㄹ 어 헤뷔 메이컵.
그녀는 항상 화장을 두껍게 하더군요.

* She had plastic surgery done on her square jaw.
쉬 해ㄷ 플래스틱 써ㄹ져뤼 던 언 허ㄹ 스퀘어ㄹ 저.
그녀는 네모난 턱을 성형 수술했어요.

* Did you get plastic surgery? 성형 수술했니?
디듀 겟 플래스틱 써ㄹ져뤼?

머리 스타일

* What's the original color of your hair?
왓ㅊ 디 어뤼지널 컬러ㄹ 어ㅂ 유어ㄹ-헤어ㄹ?
원래 머리카락 색깔이 무슨 색이에요?

단어 숙어

wear 동 끼고(입고, 신고, 쓰고) 있다
brace(s) 명 치열 교정기
flat 형 납작한
whisker 명 구레나룻
eyelids 명 쌍꺼풀
heavy 형 무거운, 둔한
original 형 본래의, 고유의
plastic surgery 성형 수술
square 형 네모난
jaw 명 턱

* I have dark brown hair. 저는 짙은 갈색이에요.
아이 해ㅂ 다ㄹ크 브롸운 헤어ㄹ.

* I have changed my hair style.
아이 해ㅂ 췌인쥐 마이 헤어ㄹ 스타일.
머리 스타일을 바꿨습니다.

* I wear my hair bobbed. 저는 단발머리입니다.
아이 웨어 마이 헤어ㄹ 밥ㄷ.

* She has short curly blonde hair.
쉬 해ㅈ 쇼ㄹ트 커ㄹ리 블론ㄷ 헤어ㄹ.
그녀는 짧은 곱슬머리 금발이에요.

* I have short hair. 나는 머리가 짧아요.
아이 해ㅂ 쇼ㄹ옷 헤어ㄹ.

* I have wavy hair. 나는 곱슬머리예요.
아이 해ㅂ 웨이브 헤어ㄹ.

* My hair is long and straight. 나는 긴 생머리입니다.
마이 헤어ㄹ이ㅈ 롱 앤 스트뤠잇.

* I have a thick hair. 나는 머리숱이 많습니다.
아이 해붜 씩 헤어ㄹ.

* I parted my hair on the left. 나는 왼쪽으로 가르마를 탔어요.
아이 파ㄹ딧 마이 헤어ㄹ 언 더 레프ㅌ.

단어 숙어

brown 명 갈색 형 갈색의
bobbed 형 단발의
curly 형 곱슬머리의
blond 형 금발의
wavy 형 웨이브가 된
thick 형 두꺼운, 빽빽한
part 동 가르마를 타다
straight 형 곧은

* He used to have more hair.
히 유스ㄷ 투 해ㅂ 모어ㄹ 헤어ㄹ.
그는 예전엔 머리숱이 많았었는데.

★ used to ~ : (위의 문장에서는 현재와 대조적인 이전의 사실 · 상태를 나타냅니다.) 이전에 ~이었다

* I'm losing my hair. 머리가 빠집니다.
아임 루징 마이 헤어ㄹ.

* Your new hairdo looks good. 새 머리 스타일이 예쁘네요.
유어ㄹ- 뉴 헤어ㄹ도 룩ㅅ 굿.

미용실 · 이발소

* I had a perm this morning. 오늘 아침에 파마를 했어요.
아이 해더 퍼ㄹ엄 디ㅅ 모ㄹ닝.

* I need to go to the beauty parlor for a perm.
아이 닛 투 고우 투 더 뷰디 팔러ㄹ 포ㄹ-어 퍼ㄹ엄.
퍼머를 하러 미장원에 가야 해.

* I'd like to get my hair colored. 염색을 하려고요.
아이들 라잌 투 겟 마이 헤어ㄹ 컬러ㄹㄷ.

* I'd like to get a perm. 퍼머를 해주세요.
아이들 라잌 투 겟 어 펌.

= I want a perm.
아이 원ㅌ 어 펌.

★ 'I want to have my hair -ed' : '머리를 – 하고 싶습니다.' 로 응용해서 문장을 만들 수 있습니다.

ex) I want to have my hair permed. 머리를 퍼머하고 싶습니다.
아이 원 투 해ㅂ 마이 헤어ㄹ 퍼ㄹ엄드.

I want to have my hair dyed. 머리를 염색하고 싶습니다.
아이 원투 해ㅂ 마이 헤어ㄹ 다이드.
I want to have my hair bleached. 머리를 탈색하고 싶습니다.
아이 원투 해ㅂ 마이 헤어ㄹ 블리취.
I want to my hair cut. 머리를 자르고 싶어요.
아이 원투 마이 헤어ㄹ 컷.

* How much do you charge for a haircut?
하우 머취 두 유 촤ㄹ쥐 포ㄹ- 어 헤어ㄹ컷?
머리 자르는 데 얼마입니까?

* Do you want me to blow dry this?
두 유 원 미 투 블로우 드라이 디ㅅ?
드라이를 해 드릴까요?

* I'd like to be dark brown. 짙은 갈색으로 했으면 해요.
아이들 라이킷 투 비 다아ㄹㅋ 브롸운.

* Just take a little off the top. 끝부분만 살짝 쳐주세요.
져스트 테잌 어 리들 어ㅍ 더 탑.

* Cut it short, please. 짧게 잘라 주세요.
컷 잇 쇼ㄹ옷, 플리ㅈ.

* How much do you want me to take off?
하우 머취 두 유 원 미 투 테잌 어ㅍ?
얼마나 다듬어 드릴까요?

* Where do you wear your part?
웨어ㄹ 두 유 웨어ㄹ 유어ㄹ-파ㄹㅌ?
가르마는 어느 쪽으로 타드릴까요?

단어 숙어

hairdo 명 헤어 스타일
beauty parlor 미용실
bleaching 명 표백
dyed 형 물들인, 염색된
blow 동 (송풍기로) 바람을 보내다
take off 머리를 치다, 다듬다

◦ 신체 부위

* ankle 앵클	발목	* ear 이어ㄹ	귀
* arm 아ㄹ암	팔	* eardrum 이어ㄹ드럼	고막
* armpit 아ㄹ암핏	겨드랑이	* elbow 엘보우	팔꿈치
* back 백	등	* eye 아이	눈
* backbone (=spine) 백본 = 스파인	척추	* eyeball 아이볼	안구
* back of the hand 백 어ㅂ 더 핸드	손등	* eyebrow 아이브롸우	눈썹
* brain 브뤠인	뇌	* eyelid 아이리ㄷ	눈꺼풀
* breast 브뤠스ㅌ	가슴	* hair 헤어ㄹ	머리카락
* buttocks 버턱ㅅ	엉덩이	* heel 힐	발뒤꿈치
* calf 카ㅍ	종아리	* hips 힙ㅅ	히프, 둔부
* cheek 췤	뺨	* knee 니	무릎

* finger 손가락
핑거ㄹ

* fingerprint 지문
핑거ㄹ프린ㅌ

* fist 주먹
퓌스ㅌ

* forehead 이마
포ㄹ-헤ㄷ

* lap 허리에서 무릎 사이
랩

* leg 다리
렉

* lips 입술
립ㅅ

* mouth 입
마우스

* mustache 콧수염
머스태쉬

* nail 손톱
네일

* neck 목
넥

* nose 코
노우ㅈ

* palm 손바닥
팜

* philtrum 인중
필트뤔

* rib 갈비뼈
립

* shoulder 어깨
숄더ㄹ

* sideburns 구레나룻
싸이드버ㄹ언ㅅ

* throat 목구멍
쓰로옷

* toe 발가락
토우

* toenail 발톱
토우네일

* tongue 혀
텅그

* wrist 손목
뤼스ㅌ

Chapter 15

은행

- ★ 계좌 개설 · 해지
- ★ 입금 · 출금
- ★ 대출
- ★ 카드 발급
- ★ 은행 관련 단어
- ★ 화폐 단위
- ★ 소수 읽기

15 은행 bank

Dialogue

A : Good morning, Madam! 안녕하세요, 손님!
굿 모ㄹ닝, 매덤.

★ 상대방을 높여 호칭할 때 여성에게는 'madam'(매덤), 남성에게는 'sir'(써ㄹ-)를 붙입니다.

B : Good morning! 안녕하세요!
굿 모ㄹ닝!

A : May I help you? 무엇을 도와드릴까요?
메이 아이 헬퓨?

B : I'd like to apply for a credit card.
아이들 라잌 투 어플라이 포ㄹ-어 크뤠딧 카ㄹㄷ.
신용카드를 하나 발급받았으면 합니다.

A : Do you have your ID card
두 유 해ㅂ 유어ㄹ- 아이디 카ㄹㄷ
or driver's licence with you?
오어ㄹ 드롸이버ㄹㅅ 라이썬ㅅ 윋 유?
신분증이나 운전면허증을 가져오셨습니까?

B : Sure. here it is. 네. 여기 있습니다.
슈어ㄹ. 히어ㄹ 잇 이ㅈ.

단어 숙어

apply for 신청하다
driver 명 운전자
ID identification 신원을 보증하는 것 (신분증, 운전 면허 등)
licence 명 면허, 허가
credit 명 신용, 신뢰

계좌 개설 · 해지

* I'd like to open an account with this bank.
아이들 라잌 투 오픈 언 어카운ㅌ 윗 디ㅅ 뱅ㅋ.
이 은행에서 계좌를 개설하고 싶은데요.

= I'd like to open an account.
아이들 라잌 투 오픈 언 어카운ㅌ.

★ open a bank account 구좌를 개설하다
close a bank account 구좌를 닫다

* Can I open an account with 100 dollars?
캔 아이 오픈 언 어카운ㅌ 윗 원 헌드뤠드 달러ㄹㅅ?
100불로 계좌 개설할 수 있습니까?

* I'd like to close an account please.
아이들 라잌 투 클로ㅈ 언 어카운ㅌ 플리ㅈ.
계좌를 해지하고 싶습니다.

★ 꼭 은행 구좌만을 나타내는 말이 아니라 모든 종류의 거래를 끊는다는 의미로도 쓰입니다. 수도라든지 전화라든지 전기 등을 끊고자 할 때에도 이 표현을 사용할 수 있습니다.

ex) I'd like to have the electricity closed. 전기를 끊어 주세요.
아이들 라잌 투 해ㅂ 디 일렉트뤄씨디 클로즈드.

I'd like to have the gas closed. 가스를 끊고 싶습니다.
아이들 라잌 투 해ㅂ 더 개스 클로즈드.

단어 숙어

open 동 열다, 시작하다
account 명 예금 계좌
bank 명 은행 동 ~은행과 거래하다
close 동 닫다, 종결하다, 끝내다
saving 명 저금
installment 명 할부, 월부

* I'd like to have a savings installment plan.
아이들 라잌 투 해뷔 세이빙ㅅ 인스털먼ㅌ 플랜.
적금을 들고 싶습니다.

* I'd like to open a checking account.
아이들 라잌 투 오픈 어 췌킹 어카운ㅌ.
당좌예금을 개설하고 싶습니다.

★ checking account (당좌예금) : 예금자가 수표를 발행하면 은행이 어느 때나 예금액으로 그 수표에 대한 지급을 하도록 되어 있는 예금.

* What are the interest rates? 이자는 어떻게 됩니까?
왓 아ㄹ- 디 인터뤠스ㅌ 뤠잇ㅊ?

* Do you have an account with us?
두 유 해붠 어카운ㅌ 윗 어ㅅ?

= Do you bank with us?
두 유 뱅ㅋ 윗더ㅅ?

★ 어떤 나라나 은행의 경우 수표를 현금화할 때 계좌가 없으면 해 주지 않는 경우가 있습니다. 이럴 경우 은행원은 계좌가 있는지 물어 볼 수 있습니다.

* Our savings account earns you 10% interest.
아워ㄹ 쎄이빙ㅅ 어카운ㅌ 어ㄹ언ㅅ 유 텐퍼ㄹ센트 인터뤠스ㅌ.
저희 적금은 이자가 10%입니다.

* Could you fill out a withdrawal slip?
쿠쥬 퓔 아웃 어 윗드뤄월 슬립?
예금 청구서를 작성해 주시겠습니까?

단어 숙어

interest 명 이자
rate 명 비율, 시세
earn 동 벌다, 획득하다
withdrawal 명 회수, 되찾기
slip 명 전표

○ 입금 · 출금

* I'd like to deposit some money in(to) my account.
아이들 라잌 투 디파짓 썸 머니 인(투) 마이 어카운ㅌ.
계좌(통장)에 돈을 입금하려고요.

= I'd like to make a deposit.
아이들 라잌 투 메잌커 디파짓.

* I'd like to withdraw some money from my account.
아이들라잌 투 위드뤄 썸 머니 프뤔 마이 어카운ㅌ.
계좌(통장)에서 돈을 좀 찾겠습니다.

* I'd like to make a withdrawal.
아이들 라잌 투 메잌커 위드뤄월.
계좌(통장)에서 돈을 좀 찾고 싶습니다.

* I have to take out money from an ATM.
아이 해ㅂ 투 테잌 아웃 머니 프뤔 언 에이티엠.
현금 인출기에서 돈을 좀 찾아야 해.

* The ATM ate my card.
디 에이티엠 에잇 마이 카ㄹㄷ.
기계가 카드를 먹어 버렸어요.

= The ATM kept my card.
디 에이티엠 켑ㅌ 마이 카ㄹㄷ.

* Oops! I forgot my PIN code again.
웁ㅅ! 아이 포ㄹ-갓 마이 핀 코ㄷ 어겐.
이런! 비밀번호를 또 잊어버렸어.

단어 숙어

ATM : Automated Teller Machine
automatic 형 자동의
teller 명 (은행의) 금전 출납원
macine 명 기계

PIN : Personal Identification Number
personal 형 개인의
identification 명 신원 확인
number 명 숫자

* May I have money sent direct to my account?
메이 아이 해ㅂ 머니 쎈ㅌ 다이뤡트 투 마이 어카운ㅌ?
이 돈 을 제 통장으로 바로 입금시킬 수 있을까요?

* How much are you going to deposit in your account?
하우 머취 아ㄹ- 유 고우잉 투 디파짓 인 유어ㄹ- 어카운ㅌ?
얼마나 입금하시겠습니까?

* Would you endorse it on the back, please?
우쥬 인도ㄹ 잇 언 더 백, 플리ㅈ?
수표 뒷면에 서명 좀 해주시겠습니까?

* I'm afraid we can't open an account without your ID card or driver's licence.
아임 어프뤠이ㄷ 위 캔 오픈 언 어카운ㅌ 위다웃 유어ㄹ- 아이디 카ㄹ드 오어ㄹ 드롸이버ㄹㅅ라이썬ㅅ.
죄송하지만 신분증이나 운전 면허증이 없으시면 구좌 개설이 불가능합니다.

* I'd like to cash this traveler's check, please.
아이들 라잌 투 캐쉬 디ㅅ 트뤠블러ㅅ 췤, 플리ㅈ.
이 여행자 수표를 현금으로 바꾸고 싶습니다.

* I'd like to transfer 300 dollars to my son's balance in America.
아이들 라잌 투 트랜스풔ㄹ 쓰뤼 헌드뤠ㄷ 달러ㄹ스 투 마이 썬ㅈ 밸런ㅅ 인 어메뤼카.
미국에 있는 아들 구좌에 300불 송금하려고 합니다.

단어 숙어

deposit 동 맡기다, 예금하다
endorse 동 (어음 따위에) 서명하다
cash 명 현찰
traveler 명 여행자
check 명 수표
balance 명 잔고

* Can you break this 100 bill?
캔 유 브뤠잌 디ㅅ 원 헌드뤠ㄷ 빌?
100불을 잔돈으로 바꾸어 주시겠습니까?

* How would you like it?
하우 우쥬 라잌킷?
어떻게 드릴까요? (어떻게 바꿔 드릴까요?)

* I want nine tens and two fives.
아이 원ㅌ 나인 텐 앤 투 퐈이ㅂㅅ.
10달러 9장, 5달러 2장이요.

* Could you set it up so that payments
쿠쥬 셋 잇 업 쏘우 댓 페이먼ㅊ

are taken out of my bank account automatically?
아ㄹ- 테이큰 아웃 어ㅂ 마이 뱅ㅋ 어카운ㅌ 오도매디컬리?
통장에서 자동 이체 되도록 해주시겠습니까?

* Please double check everything is correct.
플리ㅈ 더블 췤 에브뤼씽 이ㅈ 커뤸ㅌ.
제대로 입력하셨는지 다시 한 번 확인해 주십시오.

* Please press 'enter' or 'cancel'.
플리ㅈ 프뤠ㅅ '엔터ㄹ' 오어ㄹ '캔슬'.
확인 또는 취소를 눌러주십시오.

* I'm all tapped-out.
아임 올 탭ㄷ 아웃.
잔고가 바닥났습니다.

단어 숙어

break 동 쪼개다
payment 명 지불, 납부
account 명 계산, 계산서 동 밝히다
automatically 부 자동으로
correct 형 옳은, 정확한 동 정정하다
press 동 내리누르다, 강요하다
cancel 동 취소하다 명 취소, 해제
tapped-out 가진 돈을 몽땅 날리다

* Would you help me how to use this ATM?
우쥬 헬프 미 하우 투 유ㅈ 디ㅅ 에이티엠?
이 예금 인출기 사용하는 것 좀 도와주시겠습니까?

대출

* I made a loan at a bank to buy a house.
아이 메이더 론 앳 어 뱅크 투 바이 어 하우ㅅ.
집 사느라고 은행에서 대출을 받았어.

* Where is the loan section? 대출계가 어디입니까?
웨어ㄹ 이ㅈ 더 론 섹션?

* Where is the mortgage department?
웨어ㄹ 이ㅈ 더 모ㄹ기쥐 디파ㄹ트먼ㅌ?
저당 대부금은 어디입니까?

* Can you accommodate me with a loan of five
캔 유 어코머데잇 미 윗 어 로운 어ㅂ 퐈이ㅂ
million won? 5백만 원을 대출받을 수 있습니까?
밀리언 원?

* How much do you need? 얼마나 필요하십니까?
하우 머취 두 유 닛?

* Do you have any collateral? 담보가 있으십니까?
두 유 해ㅂ 에니 컬레트뤌?

* The loan carries 11% interest. 대출은 이자가 11%입니다.
더 론 캐뤼ㅅ 일레븐 퍼ㄹ센ㅌ 인터뤠스ㅌ.

단어 숙어

section 명 부, 구획
mortgage 명 양도, 저당
department 명 기관, 부, 부문
accommodate 동 조정하다
collateral 명 담보
carry 동 이르게 하다, 수반하다

* When do you think you can repay the loan?
웬 두 유 씽ㅋ 유 캔 뤼페이 더 로운?
언제쯤 대출을 갚으실 생각이십니까?

* Fill out this loan application, please.
퓔 아웃 디ㅅ 로운 어플리케이션, 플리ㅈ.
대출 신청서를 작성해 주십시오.

* Do you have any reference? 신용보증인이 있으십니까?
두 유 해ㅂ 에니 뤠풔뤈ㅅ?

* You need a surety for your loan.
유 닛 어 슈뤄디 포ㄹ- 유어ㄹ- 로운.
대출을 받으시려면 보증인이 필요합니다.

* I asked a bank for a loan. 은행에 대출을 신청했어.
아이 애스크ㄷ어 뱅ㅋ 포ㄹ-어 로운.

* I made a loan secured on landed real property.
아이 메이더 로운 씨큐어ㄹㄷ 언 랜디ㄷ 뤼얼 프롸퍼ㄹ디.
땅을 담보로 은행에서 대출을 좀 받았습니다.

* I asked to borrow money
아이 애스크ㄷ 투 버뤄우 머니

at a bank with the deed for security.
앳 어 뱅ㅋ 윗 더 딧ㄷ 포ㄹ- 씨큐뤄디.
집문서를 담보로 은행에 융자를 신청했습니다.

단어 숙어

repay 동 ~에게 돈을 갚다
loan 명 대부
surety 명 보증인, 보증, 담보
reference 명 신용조회장, (신원 등의) 증명서, 신용보증인
borrow 동 빌리다, 차용하다
deed 명 행위, 권리증, 증서
security 명 보증, 보증금

* I was given a loan without collateral.
아이 워ㅈ 기븐 어 로운 위다웃 컬레트뤌.
무담보로 돈을 대출받았습니다.

* I am behind in my house loan payments.
아이 앰 비하인ㄷ 인 마이 하우ㅅ 로운 페이먼ㅊ.
집 대출금을 좀 밀렸습니다.

* The loan was supposed to be repaid within 6 months.
더 로운 워ㅈ 써포스ㄷ 투 비 뤼페어ㄹㄷ 위딘 씩스 먼스.
대출은 6개월 안에 갚기로 되어 있었습니다.

카드 발급

* I'd like to apply for a credit card.
아이들 라잌 투 어플라이 포ㄹ-어 크뤠딧 카ㄹㄷ.
신용카드를 신청하고 싶습니다.

* Please let me know what do I need?
플리ㅈ 렛 미 노우 왓 두아이 닏?
뭐가 필요한지 알려주세요.

* What is your annual fee? 연간 회비는 어떻게 됩니까?
왓 이ㅈ 유어ㄹ- 애뉴얼 퓌?

* Would you fill out this application, please?
우쥬 퓔 아웃 디ㅅ 어플리케이션, 플리ㅈ?
신청서를 작성해 주시겠습니까?

단어 숙어

payment 명 지불, 보수, 상환
within 전 ~안에
apply 동 신청하다
annual 형 연간의
fee 명 수수료
application 명 신청, 적용

* Do you have your bankbook with you?
두 유 해ㅂ 유어ㄹ- 뱅ㅋ북 윗 유?
통장 가지고 계십니까?

* You need to create your four digit PIN.
유 닛 투 크뤼에잇 유어ㄹ- 풔ㄹ- 디짓 피아이엔.
비밀번호 네 자리를 만드셔야 합니다.

* Would you enter your PIN on the keyboard?
우쥬 엔터ㄹ 유어ㄹ- 피아이엔 언 더 키보ㄹㄷ
키보드에 비밀번호를 눌러주시겠습니까?

* Please verify it by entering it again.
플리ㅈ 붸뤼퐈이 잇 바이 엔터링 잇 어겐.
확인을 위해 다시 한 번 눌러주세요.

* When do you like to have your payment day?
웬 두 유 라잌 투 해ㅂ 유어ㄹ- 페이먼ㅌ 데이?
결제일은 언제가 좋으십니까?

* Here is your new card. 여기 새 카드가 발급되었습니다.
히어ㄹ 이ㅈ유어ㄹ- 뉴 카ㄹㄷ.

단어 숙어

bankbook 명 통장
create 동 창조하다, 만들다
digit 명 아라비아 숫자 0에서 9까지
enter 동 등록하다, (정보, 기록 등을) 입력하다
verify 동 입증하다, ~이 진실임을 확인하다
again 부 다시, 또

⁚ 은행 관련 단어

* penny 1센트
  페니

  nickel 5센트
  니클

  dime 10센트
  다임

  quarter 25센트
  쿼ㄹ더ㄹ

* change 동전
  췌인쥐
  (small change = 적은 액수의 동전)

* one dollar = single 1달러
  원 달러ㄹ 싱글

* asset 자산
  에셋

* bank charges 은행 수수료
  뱅ㅋ 촤ㄹ쥐ㅅ

* balance 잔고
  밸런ㅅ

* cash 현금
  캐쉬

* credit card 신용카드
  크뤠딧 카ㄹㄷ

* credit line 신용 한도
  크뤠딧 라인

* currency 화폐, 통화
  커뤈씨

* deposit 예금 입금, 입금하다
  디파짓

* depositor 예금주
  디파지더ㄹ

* deposit with card 카드 입금
  디파짓 위드 카ㄹㄷ

* deposit without card
  디파짓 위다웃 카ㄹㄷ
  무카드 입금

* deposit without passbook
  디파짓 위다웃 패스북
  무통장 입금

* enter account number
  엔터ㄹ 어카운ㅌ 넘버ㄹ
  계좌번호 입력

* enter your PIN 비밀번호 입력
  엔터ㄹ 유어ㄹ- 피아이엔

* exchange 환전
  익스췌인쥐

* interest 이자
인터퀘스ㅌ

* loan 대출
로운

* mortgage 담보 대출
모ㄹ기쥐

* PIN 비밀 번호
(= Personal Identification
퍼ㄹ스널 아이덴티피케이션
Number)
넘버ㄹ

* reference 신원 보증인
퀘풔런ㅅ

* save 저축하다
세이브

* show balance first 조회 후 거래
쇼우 밸런스 풔ㄹ스ㅌ

화폐단위

* Ten thousand 텐 싸우전ㄷ	1만
* One hundred thousand 원 헌드뤳 싸우전ㄷ	10만
* One million 원 밀리언	100만
* Ten million 텐 밀리언	1000만
* One hundred million 원 헌드뤠드 밀리언	1억
* One billion 원 빌리언	100억
* Ten billion 텐 빌리언	1000억

소수 읽기

* One point five　　1.5
  원 포이ㅌ 파이ㅂ

* twenty-five point eight nine　　25.89
  트웬티 퐈이ㅂ 포인ㅌ 에잇 나인

* five thousand seven hundred twenty-seven point six seven
  퐈이ㅂ 싸우전ㄷ 세븐 헌드뤠ㄷ 트웬티-쎄븐 포인ㅌ 식ㅅ 세븐
  5,927.67

Chapter 16

직장

★ 취업 · 인터뷰
★ 직업 · 직장
★ 의견의 교환
★ 업무 · 회의
★ 직업의 종류

16 직장 job

❶ Dialogue

A : Nice to meet you. 만나서 반갑습니다.
나이ㅅ 투 미츄.

B : Nice to meet you, too. 저도 반갑습니다.
나이ㅅ 투 미츄, 투-.

What do you do for a living? 무슨 일을 하십니까?
왓 두 유 두 포ㄹ-어 리빙?

A : I'm in charge of a marketing JA사에서 마케팅을
아임 인 촤ㄹ쥐 어ㅂ어 마ㄹ케딩 담당하고 있습니다.

service for JA company.
써ㄹ뷔ㅅ 포ㄹ- 제이에이 컴퍼니.

B : You must be very busy. 바쁘시겠군요.
유 머스ㅌ 비 붸뤼 비지.

★ "Nice to meet you!" 만나서 반갑습니다. 비슷한 표현으로는 "How do you do?" (처음 뵙겠습니다.)나 "Happy to know you."(만나게 되어 기쁩니다.)가 있습니다.

★ what do you do for a living?은 생계를 위해 무슨 일을 합니까? 즉, 직업이 무엇입니까?라는 뜻입니다. 다른 표현으로는 "What do you do?" (무슨 일을 하세요?) "What is your job?"(직업이 무엇입니까?)

단어 숙어

living 형 살아 있는, 현존하는 명 생활, 생계, 생활비
meet 동 만나다, 접촉하다, 마주치다
marketing 명 매매, 마케팅
company 명 회사, 동료, 교제
busy 형 바쁜, 통화중인, 번화한

취업·인터뷰

* I am between jobs. 지금 취업 준비중입니다.
아이 앰 비트윈 잡ㅅ.

★between jobs 직업과 직업 사이에 있습니다. 즉, 무직이라는 말을 비교적 부드럽게 표현할 수 있습니다. 또는 "I'm out of work now." 저는 지금 무직상태입니다.

* I had a job interview with the company.
아이 해더 잡 이너ㄹ뷰 윗 더 컴퍼니.
그 회사에서 취직 면접을 보았습니다.

* I am looking for a job these days.
아이 앰 룩킹 포ㄹ- 어 잡 디ㅈ 데이ㅅ.
직장을 구하고 있습니다.

* What are your strong points? 당신의 장점은 무엇입니까?
왓 아ㄹ- 유어ㄹ- 스트롱 포인ㅊ?

* What are your weak points? 당신의 단점은 무엇입니까?
왓 아ㄹ- 유어ㄹ- 웍 포인ㅊ?

* Tell me about yourself. 자신을 소개해 주세요.
텔 미 어바웃 유어ㄹ쎌ㅍ.

* Why did you apply to this company?
와이 디쥬 어플라이 투 디ㅅ 컴퍼니?
우리 회사에 지원하신 이유는요?

* Tough question. 어려운 질문이군요.
터ㅍ 퀘스쳔.

단어 숙어

interview 명 인터뷰, 면접
strong 형 강한
point 명 뾰족한 끝, 요점
apply to ~에 지원하다
tough 형 튼튼한, 단단한, 곤란한
question 명 문제, 질문

* We are very impressed with your qualifications.
위 아ㄹ- 붸뤼 임프뤠스ㄷ 윗 유어ㄹ- 퀄리퓌케이션.
경력이 참 인상적이시군요.

* I'd like to offer you the job right now.
아이들 라잌 투 어풔ㄹ 유 더 잡 롸잇 나우.
바로 일을 하셨으면 합니다.

* What is your expected salary?
왓 이ㅈ 유어ㄹ- 익스펙티ㄷ 쎌러뤼?
연봉은 얼마를 원하십니까?

* Do you have any question about the company?
두 유 해ㅂ 에니 퀘스쳔 어바웃 더 컴퍼니?
회사에 관해 질문이 있으십니까?

* I used to work at a bank.
아이 유스ㄷ 투 워ㄹㅋ 앳 어 뱅ㅋ.
은행에서 근무했었습니다.

* I took a career preparation education for a year.
아이 툭 어 커뤼어ㄹ 프뤠퍼ㄹ뤠이션 에듀케이션 포ㄹ- 어 이어ㄹ.
일 년간 취업 교육을 받았습니다.

* I have 5 years experience in that work.
아이 해ㅂ 퐈이ㅂ 이어ㄹㅅ 익스피어뤼언ㅅ 인 댓 워ㄹㅋ.
5년간 비슷한 일을 했었습니다.

* I think I am the right person for the job.
아이 씽ㅋ 아이 앰 더 롸잇 퍼ㄹ슨 포ㄹ- 더 잡.
그 일에는 제가 적임자라고 생각합니다.

단어 숙어

impress 동 인상을 주다, 감명을 주다
qualification 명 자격, 조건
offer 동 제공하다
salary 명 봉급
career 명 경력, 직업
preparation 명 준비, 예비
education 명 교육
experience 명 경험, 체험 동 경험하다

직업·직장

* What do you do (for a living)? 무슨 일을 하십니까?
왓 두 유 두 (포ㄹ- 어 리뷩)?

= What is your job?
왓 이ㅈ 유어ㄹ- 잡?

* I'm a dentist. 저는 치과 의사입니다.
아임 어 덴티스ㅌ.

* I'm a business man. 저는 사업가입니다.
아임 어 비즈니ㅅ 맨.

* I work for a trading company.
아이 워ㄹㅋ 포ㄹ- 어 트뤠이딩 컴퍼니.
저는 무역회사에 다닙니다.

* I'm an office worker. 저는 사무직원입니다.
아임 언 어퓌ㅅ 워ㄹ커ㄹ.

* I'm a housewife. 저는 주부입니다.
아임 어 하우스와이ㅍ.

* I'm a government official 저는 공무원입니다.
아임 어 거뷔ㄹ언먼ㅌ 어퓌셜.

* Do you like your job? 하시는 일이 마음에 드십니까?
두 유 라잌 유어ㄹ- 잡?

단어 숙어

dentist 명 치과 의사
trading 명 무역
company 명 회사, 동료, 교제
housewife 명 주부
government 명 정부
official 명 공무원

* How's business? 사업은 어떻습니까?
하우스 비즈니ㅅ?

* How are things in the computer business?
하우 아ㄹ- 씽ㅅ 인 더 컴퓨더ㄹ 비즈니ㅅ?
컴퓨터 업계는 어떻습니까?

* What do you teach? 무엇을 가르치십니까?
왓 두 유 티취?

* How many hours do you work a day?
하우 메니 아워ㄹㅅ 두 유 워ㄹ크 어 데이?
하루에 몇 시간 일을 하십니까?

* Where do you work? 어디에서 일하십니까?
웨어 두 유 워ㄹㅋ?

* What time do you start your day? 몇 시에 출근합니까?
왓 타임 두 유 스타ㄹㅌ 유어ㄹ- 데이?

* What time do you finish? 몇 시에 퇴근하십니까?
왓 타임 두 유 퓌니쉬?

= What time do you punch out?
왓 타임 두 유 펀취 아웃?

* How do you go to work? 무엇을 타고 출근하십니까?
하우 두 유 고우 투 워ㄹㅋ?

* I've been working with this company for 5 years.
아이ㅂ 빈 워ㄹ킹 윗 디ㅅ 컴퍼니 포ㄹ- 퐈이브 이어ㄹㅅ.
저는 이 회사에서 5년째 일하고 있습니다.

단어 숙어

thing 명 물건, 사물
teach 동 가르치다
finish 동 끝내다, 끝마치다
punch 명 펀치, 타격, 때리기

* I work the day shift. 주간 조 근무입니다.
아이 워ㄹㅋ 더 데이 쉬프ㅌ.

* We work on a three-shift system.
위 워ㄹㅋ 언 어 쓰뤼 쉬프ㅌ 씨스템.
우리 회사는 3교대제로 일합니다.

* I always get off work on time.
아이 올웨이ㅈ 겟 어ㅍ 워ㄹㅋ 언 타임.
저는 언제나 칼 퇴근합니다.

* In general we work from 9 to 6.
인 제너럴 위 워ㄹㅋ 프뤔 나인 투 씩스.
보통 아홉 시부터 여섯 시까지 일합니다.

* I'm taking the day off tomorrow.
아임 테이킹 더 데이 어ㅍ 터마뤄우.
저는 내일 월차를 냅니다.

의견의 교환

* What do you think about it? 어떻게 생각하십니까?
왓 두 유 씽커바웃 잇?

* Do you have any ideas? 다른 의견이 있으십니까?
두 유 해ㅂ 에니 아이디어ㅅ?

* I need your feedback. 의견을 듣고 싶습니다.
아이 닛 유어ㄹ- 퓌드백.

* What makes you think so? 왜 그렇게 생각하십니까?
왓 메잌ㅅ 유 씽 쏘우?

단어 숙어

shift 명 교대
general 형 일반의, 보통의
tomorrow 명 내일
feedback 명 반응, 의견

* Please don't beat around the bush.
플리ㅈ 돈 빗 어롸운 더 부쉬.
돌려서 말씀하실 필요 없습니다.

★ 'beat around the bush'를 직역하자면 '덤불 주변을 두드리다'의 뜻이 됩니다. 덤불 속에 여우나 토끼 같은 사냥감이 숨어 있다고 가정해 보십시오. 덤불 주변을 막 두드리면 그 사냥감이 튀어나오겠지요. 결국 'beat around the bush'는 상대에게서 어떤 말을 끌어내기 위해 말을 빙빙 둘러 한다거나 요점을 말하지 않고 변죽만 울릴 때 쓰는 말입니다. 이 표현은 대개 'Don't beat around the bush' 또는 'Stop beating around the bush.' 형태로 쓰입니다.

* Do you think so? 그렇게 생각하십니까?
두 유 씽 쏘우?

* Exactly! 바로 그거예요! 맞습니다!
이그젝틀리!

* I think you are right. 당신이 맞는다고 생각합니다.
아이 씽ㅋ 유 아ㄹ- 롸잇.

* I agree with you. 저는 당신과 같은 의견입니다.
아이 어그뤼 위듀.

* I feel the same way. 저도 그렇게 생각합니다.
아이 퓔 더 쎄임 웨이.

* I'm not against it. 저는 반대하지 않습니다.
아임 낫 어게인스ㅌ 잇.

단어 숙어

beat 동 치다, 두드리다
around 부 ~주변에(주변을)
bush 명 수풀, 덤불
beat around the bush 넌지시 말하다
exactly 부 그렇소, 바로 그렇다!
agree 동 동의하다, 의견이 일치하다
feel 동 느끼다
against 전 ~에 반대하여

* I'm all for it. 저는 전적으로 찬성합니다.
아임 올 포ㄹ-잇.

* I don't agree. 저는 찬성하지 않습니다.
아이 돈 어그뤼.

= I don't think so.
아이 돈 씽 쏘우.

* I think there are a few points that you missed there.
아이 씽ㅋ 데어ㄹ 아ㄹ-어 퓨- 포인ㅊ 댓 유 미스ㄷ 데어ㄹ.
제 생각에는 몇 가지 중요한 점을 간과하신 것 같습니다.

* That's so unlike you. 당신답지 않으신데요.
댓ㅊ 쏘우 언라잌 유.

★ 상대의 기분을 상하지 않게 이의를 달 수 있는 표현입니다.

* Actually I was thinking in another way.
액츄얼리 아이 워ㅈ 씽킹 인 어나더ㄹ 웨이.
사실은 저는 다른 쪽으로 생각을 하고 있었습니다.

* In my opinion, it's a long shot.
인 마이 오피니언, 잇ㅊ 어 롱 샷.
제 생각에는 가능성이 희박합니다.

★ long shot : 멀리서 총을 쏘면 아무래도 가능성이 희박하겠죠?

* That's impossible. 그건 불가능합니다.
댓ㅊ 임파써블.

* I will have it out. 탁 터놓고 말씀드리죠.
아이 윌 해빗 아웃.

단어 숙어

opinion 명 의견
in favor of ~을 찬성하여
few 형 소수의, 얼마 안 되는
unlike 형 다른, 같지 않은
actually 부 실제로, 실은
shot 명 발사, 사격
impossible 형 불가능한, 있을 수 없는

◦ 업무·회의

* Did you finish the documents
디쥬 퓌니쉬 더 다큐먼ㅊ
that I gave you last Monday?
댓 아이 게이뷰 라스트 먼데이?
지난 월요일에 내가 준 서류는 다 끝냈습니까?

* Are you through with your work? 일은 다 끝냈습니까?
아ㄹ- 유 쓰루 윗 유어ㄹ- 워ㄹㅋ?

* Did you email him with the file attached?
디쥬 이메일 힘 윗 더 퐈일 어태취ㄷ?
첨부 파일 넣어서 이메일 보내드렸습니까?

* Would you type this file by today?
우쥬 타입 디ㅅ 퐈일 바이 투데이?
오늘 안에 이 파일 타이핑 좀 해주겠어요?

* I want you to finish this report by three.
아이 원츄 투 퓌니쉬 디ㅅ 뤼포ㄹ-ㅌ 바이 쓰뤼.
이 보고서를 3시까지 끝내주세요.

* The sooner, the better. 빨리 해줄수록 좋아요.
더 수너ㄹ, 더 베더ㄹ.

* Please print 10 copies. 10장을 복사해 주십시오.
플리ㅈ 프린ㅌ 텐 카피ㅅ.

* Keep up the good work. 계속 수고해 주세요.
킵 업 더 굿 워ㄹㅋ.

단어 숙어

finish 동 끝내다
document 명 서류, 문서
attached 형 첨부한
soon 부 곧, 이제
print 동 복사하다
copy 명 사본

* I want you to be a part of it.
아이 원츄 투 비 어 파ㄹㅌ 어ㅂ 잇.
저는 당신이 이 일에 같이 합류했으면 합니다.

* I will get through it in an hour.
아이 윌 겟 쓰루 잇 인 언 아워ㄹ.
한 시간 안에 끝내겠습니다.

* Sorry, I need few days to finish it completely.
쏘뤼, 아이 닛 퓨- 데이ㅅ 투 퓌니쉬 잇 컴플릿리.
죄송하지만 완전히 끝내려면 3~4일 더걸리겠습니다.

* How many copies shall I make? 몇 장 복사할까요?
하우 메니 카피ㅅ 쉘 아이 메익?

* The copy machine doesn't work.
더 카피 머쉰 더즌 워ㄹㅋ.
복사기가 작동이 안 됩니다.

* I got a lot of work to do. 할 일이 너무 많이 쌓여 있습니다.
아이 갓 얼랏 어ㅂ 워ㄹㅋ 투 두.

* I'm so busy. 너무 바쁩니다.
아임 쏘우 비지.

* I'm all done. 완전히 녹초가 되었습니다.
아임 올 던.

* When is the deadline? 마감이 언제입니까?
웬 이ㅈ 더 뎃라인?

단어/숙어

finish 동 끝내다
completely 형 완전히, 완벽하게
machine 명 기계, 기계장치
deadline 명 사선, 원고 마감 시간

★due date 만기일 deadline 마감 시한

'due date'는 주로 '어음' 등 돈의 지불 일을 말하고, '법적 구속력'이 있어서 '꼭 지켜야 하는 날짜(의무적으로)'이지만, deadline은 주로 원고 마감시간을 말하며, 'due date'보다는 구속력이 상당히 약합니다.

* Would you finish the file by tomorrow?
우쥬 퓌니쉬 더 퐈일 바이 터마뤄우?
내일까지 파일을 주시겠습니까?

* Please give me an example. 한 가지 예를 들어주세요.
플리ㅈ 기ㅂ 미 언 이그잼플.

* Please explain it in more detail.
플리ㅈ 익스플레인 잇 인 모어ㄹ 디테일.
좀더 구체적으로 말씀해 주십시오.

= Could you be more specific?
쿠쥬 비 모어ㄹ 스페시퓍?

* It's up in the air. 아직 결정이 안 되었습니다.
잇ㅊ 업 인 디 에어ㄹ.

* Did you talk to him about the plan?
디쥬 톡 투 힘 어바웃 더 플랜?
그 계획에 대해 그와 이야기 좀 해봤습니까?

* How are things going? 일은 어떻게 되어갑니까?
하우 아ㄹ- 씽ㅅ 고우잉?

* Pardon me for cutting in.
파ㄹ든 미 포ㄹ- 커딩 인.
이야기 도중 끼어들어 죄송합니다.

* Let's get to the point. 주제로 들어갑시다.
렛ㅊ 겟 투 더 포인ㅌ.

* I'm sorry, I didn't catch you.
아임 쏘뤼, 아이 디든 캐취 유.
미안합니다. 이해하지 못했습니다.

* May I have your attention, please?
메이 아이 해ㅂ 유어ㄹ- 어텐션, 플리ㅈ?
여기 좀 봐주시겠습니까?

* I'd like to get things started. 회의를 시작하려고 합니다.
아이들 라잌 투 겟 씽ㅅ 스타ㄹ티ㄷ.

* That's all I can tell you at the moment.
댓ㅊ 올 아이 캔 텔 유 앳 더 모먼ㅌ.
지금으로서는 여기까지만 말씀드릴 수 있습니다.

* That makes sense. 일리가 있습니다.
댓 메잌ㅅ 쎈ㅅ.

= You've got a point.
유ㅂ 갓 어 포인ㅌ.

★ make sense 말이 되다. 즉 '일리가 있습니다.' '맞습니다.'

* Do you follow me? 이해하시겠습니까?
두 유 퐐로우 미?

* Let's take a coffee break. 잠시 쉬면서 커피 한잔 합시다.
렛ㅊ 테이커 커퓌 브뤠잌.

단어 숙어

specific 형 분명히 나타난, 명확한
attention 명 주의, 주목
example 명 예, 보기
detail 명 세부, 세목
explain 동 설명하다
pardon 동 용서하다
catch 동 붙들다, 포착하다
attention 명 주의, 주목
follow 동 이해하다
break 명 (잠깐의) 휴식

* Let's take a break for ten minutes.
렛ㅊ 테이커 브뤠잌 포ㄹ- 텐 미닛ㅊ.
10분간 휴식을 하겠습니다.

* Take a note. 메모하세요.
테이커 노ㅌ.

* Raise your hand if you have any opinion or question.
뤠이ㅈ 유어ㄹ- 핸ㄷ 이ㅍ 유 해ㅂ 에니 오피니언 오어ㄹ 퀘스쳔.
다른 의견이나 질문이 있으시면 손을 들어주십시오.

* The meeting was called off. 미팅은 취소되었습니다.
더 미딩 워ㅈ 콜더ㅍ.

* How did the meeting turn out?
하우 딧 더 미딩 터ㄹ언 아웃?
회의는 어떻게 되었습니까?

직업의 종류

* accountant 회계사
어카운턴ㅌ

* automobile dealer 자동차 판매원
오토모빌 딜러ㄹ

* actor, actress 배우
액터ㄹ, 액트뤼ㅅ

* agent 중개인
에이전ㅌ

* animal trainer 조련사
애니멀 트뤠이너ㄹ

* announcer 어나운서
어나운서ㄹ

* architect 건축가
아ㄹ키텍ㅌ

* astronaut 우주 비행사
애스트뤄넛

단어 숙어

decision 명 결정
stick 동 고수하다, 집착하다
call off 취소하다
opinion 명 의견, 견해

* baker 제빵사
베이커ㄹ

* bank employee 은행원
뱅ㅋ 임플로이

* barber 이발사
바ㄹ버ㄹ

* bellboy 벨 보이
벨보이

* bookkeeper 경리
북키퍼ㄹ

* bricklayer 벽돌공
브뤽레이어ㄹ

* butcher 정육점 주인
부춰ㄹ

* captain 선장
캡틴

* car mechanic 자동차 수리공
카ㄹ 미캐닉

* carpenter 목수
카ㄹ펜터ㄹ

* dancer 댄서
댄서ㄹ

* civil servant 공무원
씨뷜 써ㄹ붠트
(=government employee)
거붜ㄹ먼트 임플로이

* chauffer 운전기사
쇼풔ㄹ

* chef 주방장
셰ㅍ

* cleaner 청소부
클리너ㄹ

* clerk 사무원
클러ㄹㅋ

* commander 지휘관
커맨더ㄹ

* Congressman 국회의원
컹그뤠스맨

* cook 요리사
쿡

* counselor 상담원
카운슬러ㄹ

* crew 승무원
크루

* delivery man 배달원
딜리붜뤼 맨

* designer 디자이너
디자이너ㄹ

* diplomat 외교관
디플러맷

* director 감독
디렉터ㄹ

* doctor 의사
닥터ㄹ

* driver 운전사
드롸이붜ㄹ

* engineer 엔지니어
엔지니어ㄹ

* entertainer 연예인
엔터ㄹ테이너ㄹ

* explorer 탐험가
익스플로뤄

* editor 편집자
에디터ㄹ

* electrician 전기공
일렉트뤼션

* farmer 농부
퐈ㄹ머ㄹ

* fire fighter 소방관
퐈이어ㄹ 퐈이더ㄹ

* fisher (=fisherman) 어부
퓌셔ㄹ

* fortuneteller 점쟁이
포ㄹ-츈 텔러ㄹ

* forwarding agent 운송업자
포ㄹ-워ㄹ딩 에이전ㅌ

* interpreter 통역
인터ㄹ프뤠더ㄹ

* immigration agent 이민 중개자
이미그레이션 에이전ㅌ

* journalist 신문기자
져ㄹ널리스ㅌ

* journeyman 일용근로자
져ㄹ니맨

* judge 판사
져쥐

* lawyer 변호사
러이어ㄹ

* librarian 도서관 사서
라이브뤠뤼언

* maid (= housekeeper) 가정부
메이ㄷ (= 하우스키퍼ㄹ)

* manager 부서 책임자
매니져ㄹ

* mariner (= sailor) 선원
머뤼너ㄹ

* mayor 시장
메이어ㄹ

* miner 광부
마이너ㄹ

* minister 장관
미니스터ㄹ

* musician 음악가
뮤지션

* nun 수녀
넌

* photographer 사진사
포토그뢔퍼ㄹ

* pilot 비행기 조종사
파일럿

* plumber 배관공
플럼버ㄹ

* poet 시인
포잇

* policeman 경찰
폴리스맨

* politician 정치가
폴리티션

* president 대통령
프뤠지던ㅌ

* priest 성직자, 신부
프뤼스ㅌ

* professor 교수
프뤄풰써ㄹ

* prosecutor 검찰관
프뤄씨큐더ㄹ

* prosecuting attorney 검사
프뤄씨큐딩 어토ㄹ니

* reporter 기자
뤼포ㄹ-더ㄹ

* real estate agent 부동산 중개업자
뤼얼 에스테잇 에이전ㅌ

* researcher 연구원
뤼써쳐ㄹ

* stewardess 스튜어디스
스튜어ㄹ디스
(= flight attendan)

* street sweeper 환경 미화원
스트륏 스위퍼ㄹ

* supervisor 직속 상사
수퍼ㄹ봐이저ㄹ

* salesperson 영업사원
쎄일ㅈ퍼ㄹ슨

* scientist 과학자
싸이언티스ㅌ

* security guard 경비원
씨큐뤼디 가ㄹㄷ

* singer 가수
씽어ㄹ

* steward = purser 스튜어드
스튜어ㄹㄷ 퍼ㄹ써ㄹ

* travel agent 여행사 직원
트뢔블 에이전ㅌ

* tutor 가정교사
튜더

* tailor 재단사
테일러ㄹ

* teacher 교사
티쳐ㄹ

* translator 번역가
트랜스레이더ㄹ

* nurse 간호사
너ㄹ스

* voice actor 성우
보이ㅅ 액터ㄹ

* veterinarian 수의사
뷔테뤼네뤼안

Chapter 17

학교

★ 학교와 전공

★ 시험과 성적

★ 수업과 학교생활

★ 학교 시설

★ 학교의 종류

★ 학과

17 학교 school

Dialogue

A : I am worried about my child.
아이 앰 워뤼ㄷ 어바웃 마이 좌일ㄷ.
아이 때문에 너무 걱정이야.

B : What is the problem? 무슨 일인데?
왓 이ㅈ 더 프롸블름?

A : I got a school report yesterday. 어제 성적표를 받았거든.
아이 갓 어 스쿨 뤼포ㄹ-ㅌ 예스터ㄹ데이.

He was failed again. 이번에 또 낙제를 했지 뭐야.
히 워ㅈ 풰일ㄷ 어겐.

B : Oh! I'm sorry about that. 저런! 유감이네.
오우! 아임 쏘뤼 어바웃 댓.

A : I think I need to talk to him about this.
아이 씽ㅋ 아이 닛 투 톡 투 힘 어바웃 디ㅅ.
아무래도 아이와 이야기를 좀 해봐야겠어.

학교와 전공

* What college are you at? 어느 대학에 다니세요?
왓 컬리쥐 아ㄹ- 유 앳?

= Which college are you attending?
위취 컬리쥐 아ㄹ- 유 어텐딩?

단어 숙어

school report 성적표
problem 명 문제
fail 동 낙제하다
again 부 다시, 또
collage 명 대학
attend 동 출석하다

* Where do you go to school? 어느 학교를 다니세요?
웨어ㄹ 두 유 고우 투 스쿨?

* Where does he go to school? 그는 어느 학교에 다닙니까?
웨어ㄹ 더ㅈ 히 고우 투 스쿨?

* Which university are you going to?
위취 유니뷔ㄹ시디 아ㄹ- 유 고우잉 투?
어느 대학을 다니십니까?

* Where did you go to college? 대학은 어딜 나오셨어요?
웨어ㄹ 디쥬 고우 투 컬리쥐?

= What school did you go to?
왓 스쿨 디쥬 고우 투?

* What grade are you in? 몇 학년입니까?
왓 그뤠이ㄷ 아ㄹ- 유 인?

= What year are you in?
왓 이어ㄹ 아ㄹ- 유 인?

* What is your major? 그는 전공이 무엇입니까?
왓 이ㅈ 유어ㄹ- 메이저ㄹ-?

= What do you study at college?
왓 두 유 스터디 앳 컬리쥐?

* What class were you? 몇 년도에 졸업하셨어요?
왓 클래ㅅ 워 유?

단어 숙어

university 명 (종합)대학
grade 명 학년
major 명 전공 동 전공하다
worried (worry의 과거형) 동 걱정하다

* I'm a junior high school student. 저는 중학생입니다.
아임 어 주니어ㄹ 하이 스쿨 스튜든ㅌ.

★junior high school = middle school
주니어ㄹ 하이 스쿨 = 미들 스쿨

* He goes to high school. 그는 고등학교에 다닙니다.
히 고우ㅅ 투 하이 스쿨.

* I go to a private school. 저는 사립학교에 다닙니다.
아이 고우 투 어 프라이빗 스쿨.

* He is in the second grade at a high school.
히 이ㅈ 인 더 쎄컨 그뤠이ㄷ 앳 어 하이 스쿨.
그는 고등학교 2학년입니다.

* He is majoring in economics at the college.
히 이ㅈ 메이져ㄹ륑 인 이코노믹ㅅ 앳 더 컬리쥐.
그는 대학에서 경제학을 전공했습니다.

* I'm studying English education at the college.
아임 스터딩 잉글리쉬 에듀케이션 앳 더 컬리쥐.
저는 대학에서 영어 교육을 전공하고 있습니다.

* He goes to New York University.
히 고우ㅈ 투 뉴요ㄹㅋ 유니붜ㄹ씨디.
그는 뉴욕대학에 다닙니다.

* I am a graduate of Harvard University.
아이 앰 어 그뤠듀에잇 어ㅂ 하ㄹ붜ㄹ드 유니붜ㄹ씨디.
저는 하버드대를 졸업했습니다.

단어 숙어

economics 명 경제학

graduate 동 졸업하다

시험과 성적

* We have four examinations a year.
위 해ㅂ 풔ㄹ- 이그재미네이션ㅅ 어 이어ㄹ.
우리는 일 년에 네 번 시험을 치릅니다.

* Each semester, we have midterm and final exams.
이취 씨메스터ㄹ, 위 해ㅂ 밋터ㄹ엄 앤 퐈이널 이그재ㅅ.
매 학기마다 우리는 중간고사와 기말고사를 봅니다.

* Exams are coming up.
이그잼ㅅ 아ㄹ- 커밍 업.
시험이 다가옵니다.

* I did a review of what I've learned for the test.
아이 딧 어 뤼뷰 어ㅂ 왓 아이ㅂ 러ㄹ언ㄷ 포ㄹ- 더 테스ㅌ.
시험을 위해 복습을 했습니다.

* He studied hard for the final exam.
히 스터디ㄷ 하ㄹㄷ 포ㄹ- 더 퐈이널 이그잼.
그는 기말고사를 위해 열심히 공부했습니다.

* He studied for five hours a day after school.
히 스터디드 포ㄹ- 퐈이브 아우어ㅅ 어 데이 애프터ㄹ 스쿨.
그는 방과 후에도 하루 다섯 시간씩공부했습니다.

* He is so busy preparing for the exam.
히 이ㅈ 쏘우 비지 프뤼페어륑 포ㄹ- 디 이그젬.
그는 시험 준비 때문에 많이 바빠요.

단어 숙어

examination 명 시험
semester 명 학기
midterm 명 (학기, 임기 따위의) 중간 시점
final 형 최종의, 마지막의
review 명 복습
exam 명 (examination의 준말) 시험

* I studied harder than usual.
아이 스터디ㄷ 하ㄹ더ㄹ 댄 유주얼.
평소보다 공부를 열심히 했어요.

* I stayed up all night reviewing for the test.
아이 스테이ㄷ 업 올 나잇 뤼뷰잉 포ㄹ- 더 테스ㅌ.
시험을 위해 복습하느라 밤을 새웠습니다.

* He studied all day long. 그는 하루 종일 공부했습니다.
히 스터디ㄷ 올 데이 롱.

* I looked over the notes before the test.
아이 룩ㅌ 오우붜ㄹ 더 노우ㅊ 비포ㄹ- 더 테스ㅌ.
시험 전에 노트를 훑어보았습니다.

* I memorized many things. 많은 것을 외웠습니다.
아이 메모라이즈ㄷ 메니 씽ㅅ.

* I choose the answers at random.
아이 츄ㅅ 디 앤써ㅅㄹ 앳 랜덤.
되는 대로 답을 찍었습니다.

* I had to guess the answers
아이 햇 투 게ㅅ 디 앤써ㄹㅅ
on the math test because I couldn't solve them.
언 더 매스 테스ㅌ 비커ㅈ 아이 쿠든 솔ㅂ 뎀.
수학시간에는 문제를 풀 수 없어서 답을 찍어야 했습니다.

단어 숙어

usual 형 보통의, 평상시의
stayed up 명 일어나(자지 않고) 있다
memorize 명 암기하다, 외우다
choose 명 고르다
answer 명 답
at random 닥치는 대로
guess 동 추측하다
math 명 수학
solve 동 풀다
harder (hard의 비교급) 형 더 열심히

* I was caught cheating. 커닝을 하다가 들켰습니다.
아이 워ㅈ 컷 취딩.

* I couln't finish the exam on time.
아이 쿠든 퓌니쉬 디 이그잼 언 타임.
시간 안에 문제를 다 못 풀었습니다.

* I had to fill out the answer sheet in a hurry.
아이 해ㄷ 투 퓔 아웃 디 앤써ㄹ 쉿 인 어 허뤼.
서둘러서 답안을 작성해야 했습니다.

* The exam was easier than I expected.
디 이그잼 워ㅈ 이지어ㄹ 댄 아이 익스펙티ㄷ.
문제가 예상보다 쉬웠습니다.

* I had difficulty solving the math question.
아이 해ㄷ 디퓌컬티 쏠빙 더 매스 퀘스천.
수학문제를 푸는 데 어려웠어요.

* The test was too difficult for me to solve the
더 테스ㅌ 워ㅈ 투- 디퓌컬ㅌ 포ㄹ- 미 투 솔ㅂ 더
questions. 문제가 풀기에 너무 어려웠습니다.
퀘스천ㅅ.

★ too ~ for A to ... A가 …하기엔 너무 ~ 하다
많이 쓰이는 중요 숙어입니다.
ex) too young to die. 죽기엔 너무 어려.
too expensive for me to buy. 내가 사기에는 너무 비싸.

단어 숙어

- cheat 동 속이다, 사기치다, 커닝하다
- in a hurry 허둥지둥, 급히
- difficulty 명 곤란, 어려움
- attain 동 달성하다, 이루다
- perfect 형 완벽한, 완전한
- score 명 점수
- result 명 결과
- fall 동 떨어지다

* I feel free and easy after the test.
아이 퓔 프뤼 앤 이지 애프터ㄹ 디 테스ㅌ.
시험이 끝나니 기분이 홀가분하고 후련해요.

* How are your grades this term?
하우 아ㄹ- 유어ㄹ- 그뤠이ㅈ 디ㅅ 터ㄹ엄?
이번 학기 성적은 어때요?

* I did well in English. 영어 시험을 잘 보았어요.
아이 딧 웰 인 잉글리쉬.

* He is the best in his class. 그는 반에서 일등을 했습니다.
히 이ㅈ 더 베스ㅌ 인 히ㅈ 클래ㅅ.

* He has attained the highest grade in his English exams.
히 해ㅈ 어텐ㄷ 더 하이스ㅌ 그뤠이ㅈ 인 히ㅈ 잉글리쉬 이그잼ㅅ.
그는 영어 시험에서 가장 높은 성적을 올렸습니다.

* He is doing very well at school.
히 이ㅈ 두잉 붸뤼 웰 앳 스쿨.
그는 학업 성적이 좋습니다.

* He got a perfect score on the test. 그는 만점을 받았어요.
히 갓 어 퍼ㄹ풱ㅌ 스코어ㄹ 언 더 테스ㅌ.

* The result falls below what was expected.
더 뤼절ㅌ 풜ㅅ 블로우 왓 워ㅈ 익스펙티ㄷ.
성적이 예상 이하예요.

* The exam results came out today.
디 이그잼 뤼절ㅊ 캐임 아웃 투데이.
시험 결과가 오늘 나왔습니다.

단어 숙어

below 전 ~보다 아래
assess 동 평가하다
student 명 학생
history 명 역사

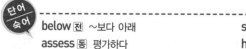

* How do you assess your students?
하우 두 유 어쎄ㅅ 유어ㄹ- 스튜든ㅊ?
학생들의 성적을 어떻게 평가하십니까?

* I have average grades.
아이 해ㅂ 애붜뤼쥐 그뤠이ㅈ.
내 성적은 평균입니다.

* I am below average.
아이 앰 블로우 애붜뤼쥐.
내 성적은 평균 이하입니다.

* I got 90 on my Korean test.
아이 갓 나인티 언 마이 커뤼언 테스ㅌ.
나는 국어 성적을 90점 받았습니다.

* I didn't do well in history class.
아이 디든 두 웰 인 히스토뤼 클래ㅅ.
나는 역사 성적이 좋지 않습니다.

* I didn't show my report card to my parents.
아이 디든 쇼우 마이 뤼포ㄹ-ㅌ 카ㄹㄷ 투 마이 페어뤈ㅊ.
나는 부모님께 성적표를 보여드리지 않았습니다.

수업과 학교생활

* I was late for school because I overslept.
아이 워ㅈ 레잇 포ㄹ- 스쿨 비커ㅈ 아이 오붜ㄹ슬랩ㅌ.
늦잠을 자는 바람에 지각을 했습니다.

* I left school early.
아이 레프ㅌ 스쿨 어ㄹ얼리.
조퇴를 했습니다.

단어 숙어

late 형 늦은, 지각한
absent 형 부재의, 결석의
apartment 명 아파트
drive 동 운전하다

* I was absent from school. 학교를 결석했습니다.
아이 워즈 앱쓴ㅌ 프뤔 스쿨.

* I am good at languages. 나는 언어에 재능이 있다.
아이 앰 굿 앳 랭귀쥐ㅅ.

* English is my favorite class.
잉글리쉬 이ㅈ 마이 풰이붜릿 클래ㅅ.
영어는 제가 좋아하는 과목입니다.

* I am terrible at math. 저는 수학에 지독히 서툽니다.
아이 앰 테뤄블 앳 매스.

* What time do you usually finish school?
왓 타임 두 유 유즈얼리 퓌니쉬 스쿨?
학교가 보통 몇 시에 끝나니?

* How large are the classes in your child's school?
하우 라ㄹ쥐 아ㄹ- 더 클래ㅅ 인 유어ㄹ- 좌일ㅈ 스쿨?
댁 아이 학교의 학급 크기는 얼마나 되나요?
(= 반 학생이 몇 명이나 됩니까?)

* I go to school on foot. 저는 걸어서 학교에 갑니다.
아이 고우 투 스쿨 언 풋.

= I walk to school.
아이 웍 투 스쿨.

* My school is 5 minutes walk from my apartment.
마이 스쿨 이ㅈ 퐈이ㅂ 미닛ㅊ 웍 프뤔 마이 어파ㄹ트먼ㅌ.
학교는 우리 아파트에서 걸어서 5분 거리입니다.

* I drive him to his school.
아이 드롸이ㅂ 힘 투 히ㅈ 스쿨.
나는 그를 학교까지 차로 데려다 줍니다.

* My husband drops them off at the school.
마이 허스번ㄷ 드랍ㅅ 뎀 어ㅍ 앳 더 스쿨.
남편이 아이들을 학교까지 데려다 줍니다.

* My mother drives me to school.
마이 머더ㄹ 드라이브ㅅ 미 투 스쿨.
어머니께서 학교까지 차로 데려다 주십니다.

* He goes to school by bus. 그는 버스로 학교에 갑니다.
히 고우ㅅ 투 스쿨 바이 버ㅅ.

* The school is quite far from my house.
더 스쿨 이ㅈ 콰잇 퐈ㄹ- 프뤔 마이 하우ㅅ.
학교는 집에서 꽤 멉니다.

* School begins at 9 a.m. 학교는 오전 9시에 시작합니다.
스쿨 비긴ㅅ 앳 나인 에이엠.

* My school is coeducational. 우리 학교는 남녀공학입니다.
마이 스쿨 이ㅈ 코에듀케이셔널.

* He transferred to another school.
히 트랜스풔ㄹㄷ 투 어나더ㄹ 스쿨.
그는 다른 학교로 전학 갔습니다.

* He takes the school bus to school.
히 테잌ㅅ 더 스쿨 버ㅅ 투 스쿨.
그는 학교까지 스쿨버스를 타고 갑니다.

* He entered school this year.
히 엔터ㄹㄷ 스쿨 디ㅅ 이어ㄹ.
그는 올해 학교에 입학했습니다.

단어 숙어

drop 동 (승객 · 짐을 도중에서) 내려놓다 **transfer** 동 옮기다, 전학시키다
coeducational 형 남녀 공학의

* He was absent from school yesterday.
히 워ㅈ 앱쓴ㅌ 프뤔 스쿨 예스터ㄹ데이.
그는 어제 학교에 결석을 했습니다.

* I entered middle school this year.
아이 엔터ㄹㄷ 미들 스쿨 디ㅅ 이어ㄹ.
저는 올해 중학교에 입학했습니다.

* He is taking a semester off.
히 이ㅈ 테이킹 어 씨메스터ㄹ 어ㅍ.
그는 한 학기를 휴학중입니다.

* I got suspended from school. 정학당했습니다.
아이 갓 써스펜디ㄷ 프뤔 스쿨.

* He was expelled from school. 그는 퇴학을 당했습니다.
히 워ㅈ 익스펠ㄷ 프뤔 스쿨.

* I've got 3 months to go until graduation.
아이ㅂ 갓 쓰뤼 먼ㅅ 투 고우 언틸 그뤠듀에이션.
저는 졸업까지 3개월 남았습니다.

* He learns many subjects in school.
히 러ㄹ언ㅅ 메니 서브젝ㅊ 인 스쿨.
그는 학교에서 여러 과목을 배웁니다.

* She is a school teacher. 그녀는 학교 선생님이세요.
쉬 이ㅈ 어 스쿨 티춰ㄹ.

* He is ahead of me in school. 그는 학교 선배입니다.
히 이ㅈ 어헤ㄷ 어ㅂ 미 인 스쿨.

단어 숙어

suspend 동 정학시키다
expel 동 내쫓다, 제명시키다
subject 명 과목
regular 형 정규의

* He is one of the smartest students in his school.
히 이ㅈ 원 어ㅂ 더 스마ㄹ티스ㅌ 스튜든ㅊ 인 히ㅈ 스쿨.
그는 학교에서 가장 똑똑한 학생들 중의 한 명입니다.

★ smart '똑똑한, 머리가 좋은'이라는 뜻의 형용사입니다. 일반적으로 형용사의 뒤에 '(e)st'를 붙이고 맨 앞에 정관사 'the'를 붙이면 가장 똑똑한 이라는 최상급을 만들 수 있습니다.

ex) long 긴 – the longest 가장 긴
pretty 예쁜 – the prettiest 가장 예쁜

* He wears a school uniform at school.
히 웨어ㄹㅅ 어 스쿨 유니포ㄹ–옴 앳 스쿨.
그는 학교에서는 교복을 입습니다.

* He has 6 regular classes a day.
히 해ㅈ 씩ㅅ 뤠귤러ㄹ 클래시ㅈ 어 데이.
그는 하루 6시간 정규수업을 합니다.

* He has 10 minute break every hour.
히 해ㅈ 텐 미닛ㅊ 브뤠잌 에브뤼 아워ㄹㅅ.
그는 한 시간마다 10분씩 쉽니다.

* After school, he takes a supplementary lesson.
애프터ㄹ 스쿨, 히 테잌ㅅ 어 써플러멘터뤼 레쓴.
그는 정규수업이 끝나고 보충수업을 받습니다.

단어 숙어

uniform 명 유니폼
lesson 명 수업
supplementary 형 보충의, 추가의

학교 시설

* language lab 어학 실습실
  랭귀쥐 랩
* chemistry lab 화학 실습실
  케미스트뤼 랩
* classroom 교실
  클래ㅅ룸
* college 대학
  컬리쥐
* guidance office 상담실
  가디언ㅅ 어퓌ㅅ
* gymnasium 체육실
  짐나지움
* principal's office 교장실
  프륀서펄ㅅ 어퓌ㅅ
* auditorium 강당
  오디토리움
* cafeteria 매점
  카풰테뤼어
* locker 사물함
  락커ㄹ
* school counselor 상담교사
  스쿨 카운슬러ㄹ
* staff room 교무실
  스텝 룸

학교의 종류

* kindergarten 유치원
  킨더ㄹ가ㄹ튼
* primary school = elementary school 초등학교
  프롸이머뤼 스쿨 = 엘리먼터뤼 스쿨

* middle school=junior high school　중학교
미들　스쿨 = 쥬니어ㄹ 하이　스쿨

* high school　고등학교
하이　스쿨

* commercial high school　상업 고등학교
커머ㄹ셜　하이　스쿨

* technical high school　공업 고등학교
테크니컬　하이　스쿨

* professional school　전문학교
프뤄풰셔널　스쿨

* junior college　전문대학
쥬니어ㄹ 컬리쥐

* university　종합대학
유니붜ㄹ시디

학과

* accounting　회계학
어카운팅

* architecture　건축학
아ㄹ키텍춰ㄹ

* anthropology　인류학
앤쓰뤄팔러쥐

* astronomy　천문학
어스트뤄노미ㄹ

* archaeology　고고학
아ㄹ키얼러쥐

* biologics　생물학
바이얼러직ㅅ

* chemistry 화학
  케미스트뤼
* computer science 컴퓨터 과학
  컴퓨더ㄹ 싸이언ㅅ
* economics 경제학
  이코노믹ㅅ
* engineering 공학
  엔지니어륑
* English literature 영문학
  잉글리쉬 리더ㄹ뤄춰ㄹ
* finance 재정학
  퐈이낸ㅅ
* geology 지질학
  지얼러쥐
* history 역사학
  히스토뤼
* management 경영학
  매니쥐먼트
* law 법학
  러
* logic 논리학
  러쥑
* mathematics 수학
  매드매딕ㅅ
* medical science 의학
  메디컬 싸이언스
* ornithology 조류학
  오ㄹ너썰러쥐
* physics 물리학
  피직ㅅ
* politics 정치학
  팔러틱ㅅ
* psychology 심리학
  싸이컬러쥐
* space science 우주과학
  스페이ㅅ 싸이언ㅅ